La cavalière de l'autre rive

Marie Amaury

Illustration de couverture :
Daphné Collignon

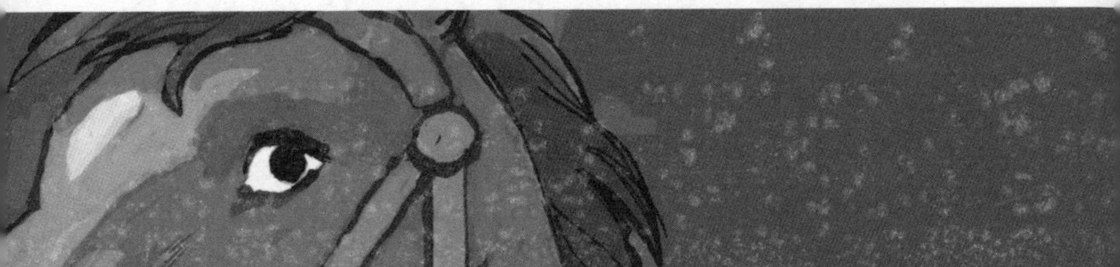

Magnard
Jeunesse

Collection animée par Jack Chaboud

Chapitre 1

En suspension sur ses étriers, penchée sur l'encolure de son cheval, Morgane s'efforçait de contenir l'impétuosité de sa monture tout en allant vite.

Âgée de seize ans, c'était une adolescente athlétique dont les cheveux courts et le regard hardi avaient la même couleur noisette que la robe de son grand hongre bai. La jeune fille aurait dû être rentrée depuis une bonne demi-heure, mais elle n'avait pas vu filer le temps. Il passait si rapidement à cheval… Toute la famille se réunissait pour fêter les quatre-vingt-dix ans de sa grand-mère, ce samedi soir, à cent kilomètres de là. Ses parents allaient grincer des dents en ne la voyant pas revenir à l'heure convenue… Même si elle faisait au plus vite pour prendre sa douche et se changer, ils risquaient d'être très en retard pour le rendez-vous au restaurant…

« Ah ! Ne commence pas à treuiller ! »

Iliad était en pleine forme et la promenade avait à peine entamé sa formidable réserve d'énergie. Morgane leva légèrement les mains pour ralentir son cheval, jouant dans ses doigts en modifiant alternativement la tension des rênes droites et gauches. Au bout de la longue ligne droite, le chemin tournait derrière une haie. L'idéal aurait été de repasser au trot ou au pas, mais le temps pressait. La cavalière redressa les épaules, reportant son poids en arrière en durcissant son action.

« Là, c'est quand même trop vite ! Doucement ! » lança-t-elle avec une certaine inquiétude.

Le cheval se défendit et prit le virage à la corde. Morgane sentit son cœur manquer un battement. Depuis son dernier passage, quelques jours plus tôt, quelqu'un avait déposé plusieurs tas de gravats destinés à reboucher les trous du chemin. Surpris, Iliad tenta de sauter l'obstacle mais il se reçut sur un sol instable, trébucha et tomba sur les genoux, propulsant sa cavalière par-dessus son encolure. La jeune fille percuta brutalement un empilement de pierres et de débris de construction.

Le cheval se remit sur pied et s'ébroua. L'un de ses genoux saignait. Il fit quelques pas prudents, secouant la tête comme s'il ne parvenait pas à croire ce qui venait de se produire. Il se dirigea vers sa cavalière, baissa le nez vers la silhouette immobile et souffla bruyamment dans ses naseaux pour chasser l'odeur déplaisante du sang. La jeune fille restant inerte, le hongre redressa l'encolure, oreilles pointées dans la direction approximative du club. Il se décida enfin à partir au petit trot pour rejoindre ses copains d'écurie.

Morgane percevait vaguement la situation. Elle savait qu'elle était couchée sur un tas de gravats et qu'il lui fallait se relever, mais elle était incapable d'agir. Elle ne souffrait pas vraiment, même si son bras gauche lui semblait étrange et sa tête pleine de coton. Elle perdit conscience. Ce fut une voix qui la tira des limbes dans lesquelles elle flottait. Elle contenait une nuance d'urgence qui ranima une étincelle dans son esprit.

« Lève-toi ! Si tu ne bouges pas, c'est un cadavre qu'ils retrouveront ! »

Quelle horreur ! pensa confusément l'accidentée. Pourquoi lui disait-on une chose pareille ? Elle tenta de remuer. Ses jambes acceptèrent de se plier. Son bras droit s'exécuta normalement mais le gauche lui sembla sans force, couvert d'une substance tiède et gluante. Bizarre. Morgane ramena ses genoux sous son corps et prit appui sur son bras valide pour se redresser à quatre pattes. Sa tête lui paraissait peser une tonne et elle vit des petits éclairs de couleurs quand elle la releva. Le paysage était flou. Elle cligna des yeux, s'efforçant d'accommoder sa vue pour discerner la silhouette assise près d'elle.

« Très bien, l'encouragea celle-ci. Il y a un agriculteur dans le champ, à cinquante mètres. Tu dois aller jusque-là pour demander du secours. Il faut que l'on te soigne rapidement. Tu perds beaucoup de sang. »

Morgane ouvrit la bouche et ne parvint qu'à émettre un vague grognement. Elle était plutôt tentée de se remettre à l'horizontale. Elle se sentait si fatiguée… Ça irait sûrement mieux après un peu de repos…

« Surtout pas, cria la voix. Relève-toi ! Allez ! Fais un effort ! »

La forme humaine se précisait. Une jeune femme.

« Je suis désolée, déclara celle-ci, mais je ne peux pas t'aider. Il faut que tu y arrives toute seule. »

Elle n'obtint en réponse qu'un autre grognement et décida d'user d'un argument décisif.

« Ton cheval s'est abîmé un genou ! Si tu ne donnes pas l'alerte immédiatement, il restera estropié à vie ! Dépêche-toi ! Tu dois agir ! »

Cette fois, la blessée ouvrit grand les yeux, avec une lueur de conscience et de peur au fond des prunelles. Elle fit un terrible effort et se remit sur pied.

« Très bien ! Maintenant, il faut avancer ! Oui, dans cette direction ! Ce n'est pas loin, marche ! Un pied devant l'autre, c'est facile ! Ton cheval a besoin de ton aide ! »

Houspillée par son étrange compagne, Morgane parvint péniblement jusqu'à l'entrée du champ dans lequel manœuvrait un tracteur. Incapable de tenir debout plus longtemps, elle s'effondra dans l'herbe, couchée sur le dos. Tout était sombre, comme si le soleil avait disparu dans le ciel de juillet. La jeune fille entrevit un visage qui se penchait sur elle, inquiet. Elle distinguait les traits, à présent. Bien sûr qu'elle connaissait cette fille ! C'était Christelle, la monitrice.

« Salut, souffla-t-elle en souriant vaguement. C'est curieux, je croyais que tu étais morte en décembre dans un accident… »

Sa tête lui semblait à présent si légère qu'elle risquait sans doute de se mettre à flotter comme un ballon de baudruche.

« Ce n'était pas un accident, répondit la voix familière. Galaad n'y est pour rien. C'était Jérémy…

— Tu plaisantes ? marmonna Morgane. Jérémy ? »

Le visage recula, redevint flou.

« Ne pars pas… Ne me laisse pas seule… murmura la jeune fille, saisie par la peur.

— Ne t'en fais pas, je reste à tes côtés, la rassura la voix.

— Pourquoi es-tu là ? demanda encore Morgane, dont l'esprit se débattait dans la plus parfaite confusion.

— Je ne veux pas partir, pas encore… Pas tant

qu'il n'aura pas réglé sa dette… Accroche-toi, les secours arrivent, tu vas t'en tirer ! »

Morgane se contenta de répondre par une ébauche de sourire, puis elle sombra à nouveau dans les limbes.

Chapitre 2

Quand Morgane reprit conscience, sa première sensation fut la douleur. Son bras lui faisait affreusement mal et une migraine lancinante la torturait. Elle ouvrit les yeux sur un plafond blanc.

« Christelle ? » marmonna-t-elle, la bouche pâteuse.

Un visage apparut dans son champ de vision. Celui de son père.

« Tout va bien, mon trésor. Reste calme, je vais aller prévenir que tu as repris conscience.

— Papa ? Comment va Iliad ?

— Très bien. Un bobo au genou, mais dans quelques jours, il n'y paraîtra plus.

— Elle m'a menti, grogna la jeune fille. Elle m'a fait peur pour que je bouge…

— Je ne comprends rien à ce que tu racontes. Reste tranquille. Maman va revenir dans un instant. Je vais chercher un toubib… »

En quelques minutes, la chambre s'était remplie. Le médecin était là, en compagnie d'une infirmière et des parents de sa patiente.

« Les radios de contrôle sont tout à fait satisfaisantes, il n'y a pas de fracture. Dans son malheur, déclara l'homme de l'art, Morgane a eu beaucoup de chance. La blessure au bras est profonde et a entraîné une hémorragie assez importante. Par miracle, l'agriculteur qui l'a secourue est pompier bénévole, avec de solides bases de secourisme. Il a pris les bonnes mesures immédiatement, avant même d'alerter les secours avec son portable. »

Il examina la jeune fille et lui posa quelques questions, auxquelles elle répondit de façon cohérente.

« Très bien », commenta-t-il en hochant la tête d'un air satisfait.

Il tapota amicalement la main de l'adolescente.

« Tu devrais te remettre sans trop de problèmes. Ne t'inquiète pas ! »

Il entraîna les parents vers la porte tandis que l'infirmière changeait le flacon de la perfusion.

« Votre fille est en bonne santé, elle devrait cicatriser sans difficulté. Ce qu'il va falloir surveiller pendant quelque temps, ce sont les suites possibles de la commotion cérébrale.

— Mais vous avez dit qu'il n'y avait pas de fracture… s'inquiéta Liliane Charre.

— Non, par bonheur, son casque s'est montré efficace. Mais le choc a été violent et a certainement entraîné un mouvement du cerveau à l'intérieur de la boîte crânienne. Ce mouvement provoque un déséquilibre biochimique dans les cellules cérébrales qui peut entraîner différents symptômes : problèmes de désorientation, de coordination, troubles visuels ou auditifs… Il faudra être vigilant dans les heures et les jours qui viennent. Nous allons garder Morgane en observation. J'imagine que l'un de vous va rester à ses côtés…

— Que doit-on surveiller ?

— Des troubles de concentration, des problèmes de confusion ou de mémoire, des pertes d'équilibre lorsque votre fille pourra se lever.

Parfois, on constate des changements de personnalité, de la tristesse ou de l'irritabilité… »

Le médecin intercepta le regard inquiet qu'échangèrent les parents de la jeune accidentée et reprit, rassurant :

« Cela ne veut pas dire que votre fille va connaître ces troubles. Je vous informe simplement pour que vous nous signaliez tous symptômes de ce genre, au cas où certains d'entre eux apparaîtraient. En général, le temps et le repos remettent les choses en ordre. Le corps humain a des ressources impressionnantes… »

Il les salua et sortit, suivi de l'infirmière. Éric Charre posa les mains sur les épaules de sa femme.

« Le docteur semble tout à fait optimiste, il est inutile de trop t'inquiéter…

— Parce que tu ne t'inquiètes pas, toi, peut-être ?

— Si, bien sûr, reconnut-il. Mais je crois que la situation va aussi bien qu'il est possible. »

Il jeta un coup d'œil à sa montre.

« Il faudra passer récupérer Lorraine chez son amie à dix-huit heures. Préfères-tu y aller ou préfères-tu que ce soit moi ?

— Je vais rester… »

Ils retournèrent s'installer au chevet de leur fille. Celle-ci rouvrit les yeux et murmura :

« J'ai vu Christelle… »

Les parents échangèrent un regard d'incompréhension.

« Qui ? demanda le père.

— Christelle, la monitrice du club…

— Je crois que tu as fait un rêve, ma chérie, répondit doucement Liliane.

— Non, je n'ai pas rêvé, elle m'a parlé… »

Morgane comprit, à l'expression de ses parents, qu'ils tenaient ses paroles pour des divagations. La jeune fille referma les yeux. Sa tête était trop douloureuse pour qu'elle trouve des arguments convaincants. Elle avait pourtant besoin d'en parler à quelqu'un. Elle se souvenait très clairement des mots prononcés par Christelle… Y penser l'effrayait. Elle décida de les chasser de son esprit jusqu'à ce qu'elle ait recouvré assez de force pour les affronter. L'adolescente tendit la main vers son père, qui s'en empara et la serra. Rassurée, elle referma les yeux.

Chapitre 3

Morgane quitta l'hôpital huit jours plus tard. La jeune fille avait tenté d'aborder la question de Christelle une nouvelle fois, provoquant l'inquiétude de ses parents qui craignaient des séquelles de sa commotion cérébrale. L'adolescente avait donc abandonné, ne souhaitant pas passer davantage de temps en observation à l'hôpital. Hormis quelques maux de tête et son bras en écharpe, toujours douloureux, elle se sentait bien.

Elle descendit de voiture et leva la tête vers la maison. C'était un véritable soulagement, de rentrer chez soi… La jeune fille monta les escaliers du perron sous l'œil vigilant de son père, qui la suivait de près. Elle secoua la tête avec un peu d'agacement.

« C'est bon, papa, je ne vais pas me casser la figure, ce n'est pas la peine de marcher sur mes talons ! Je n'ai pas de vertiges et je suis encore capable de monter dix marches !

— Regarde plutôt où tu vas, à moins que tu ne veuilles retourner à l'hôpital, pour une fracture du nez cette fois. »

Avec un soupir, l'adolescente ouvrit la porte d'entrée. À peine avait-elle mis un pied dans le hall qu'une petite fille surgit en hurlant de la cuisine.

« Allez ! Le typhon, maintenant ! » grommela Morgane, heureuse de l'accueil malgré tout.

Sa petite sœur de six ans se précipita à sa rencontre et entoura ses jambes de ses bras.

« Maman, hurla-t-elle, c'est Morgane !

— Elle s'en doute, ce n'est pas le père Noël. Lâche-moi, tu veux, tu vas me flanquer par terre ! »

L'adolescente s'accroupit pour être à la hauteur du petit visage.

« Fais-moi un bisou, mais ne touche pas mon bras, O.K. ? »

La petite fille s'exécuta avec précaution, impressionnée.

« Tu as mal ? demanda-t-elle.

— Un peu. C'est supportable. »

Morgane se releva et partit embrasser sa mère avant de monter dans sa chambre. Elle était impatiente de téléphoner à Pauline, sa meilleure amie. Du même âge, les deux jeunes filles étaient sur la même longueur d'onde en ce qui concernait l'ordre des priorités de la vie. À savoir : les chevaux, les études et, loin derrière, les garçons. Ce dernier sujet leur procurait souvent des séances de fou rire lorsqu'elles commentaient les comportements et les attitudes de certains spécimens du lycée ou de leur entourage.

Morgane fouilla dans son sac à dos pour mettre la main sur son portable. Naturellement, la batterie était HS. Elle se lança à la recherche de son chargeur, disparu dans le désordre ambiant. C'était carrément agaçant de n'avoir qu'une main disponible…

Ayant retrouvé l'objet sous son bureau, Morgane put enfin passer son appel, espérant ne pas tomber sur la messagerie. Elle devait absolument parler à son amie.

À la quatrième sonnerie, celle-ci décrocha.

« Allô !

— Pauline ? C'est Morgane.

— Salut ! Tu vas bien ? Tu as quitté l'hôpital ?

— Oui, ce matin. Tu es seule ?

— Non, je suis dans le salon, il y a mon frère. Pourquoi ?

— J'ai quelque chose à te dire, mais ça doit rester entre nous. »

Intriguée, Pauline lui demanda d'attendre un instant qu'elle puisse s'isoler.

« C'est bon, je suis dans ma chambre. Alors ?

— Ce que je vais te raconter va te paraître complètement bizarre, prévint Morgane, mais je te jure que tout s'est passé exactement comme ça. »

Elle lui relata les souvenirs qu'elle conservait de sa chute, répétant précisément les mots qui étaient gravés dans son esprit. Lorsqu'elle eut terminé, le silence régnait au bout du fil.

« Pauline ?

— Je suis là. Tu es sûre de ne pas avoir eu d'hallucinations, à cause du coup sur la tête ?

— C'est ce que croient mes parents. Mais je te garantis que ce n'est pas ça ! Je ne peux pas l'expliquer, mais j'en suis certaine !

— C'est dingue… Il faut qu'on en discute. Je peux aller chez toi, cet après-midi ?

— C'est ce que j'allais te proposer. Viens dès que tu peux. De toute façon, je ne bouge pas d'ici.

— D'accord, juste après le déjeuner, alors. À plus ! »

Les deux jeunes filles coupèrent la communication. Morgane s'allongea sur son lit, un peu découragée. Si même sa meilleure amie refusait de la croire…

Pensive, Pauline glissa son portable dans son étui et ouvrit la porte de sa chambre, découvrant son frère devant le panneau.

« Qu'est-ce que tu fais là ? Tu m'espionnes ?

— Non, je passais par hasard, répliqua-t-il, narquois. Quel grand secret voulait donc te raconter ta copine ?

— Ça ne te regarde pas. Occupe-toi de tes oignons ! »

Pauline tenta de repousser le garçon, sans succès. Si la ressemblance était frappante entre le frère et la sœur, Aymeric avait une carrure d'athlète et une stature bien supérieure à celle de la jeune fille, dont il était l'aîné du haut de ses dix-neuf ans.

« Réponds-moi, si tu veux que je te laisse sortir. »

Sa sœur recula avec une grimace excédée.

« Lâche-moi un peu ! De toute façon, je ne te dirai rien. »

À l'improviste, elle lui lança un méchant coup de pied dans une cheville. Profitant de ce qu'il pliait la jambe pour saisir le point douloureux, elle le bouscula et se précipita comme une flèche dans l'escalier.

« Tu me payeras ça, ma vieille ! lui cria son frère, renonçant à l'effort d'une poursuite.

— Compte là-dessus ! » chantonna Pauline en s'enfuyant sans demander son reste.

Chapitre 4

Morgane retrouva son amie avec un immense plaisir. D'un naturel dynamique et enjoué, Pauline avait un visage chaleureux comme un soleil d'été, encadré d'une crinière de cheveux châtains aux reflets dorés. Ses yeux couleur océan irradiaient la bonne humeur.

« Tu as bien meilleure tête qu'à l'hôpital, mercredi, déclara la visiteuse.

— Je me sens nettement mieux. Le mal de crâne me fiche la paix depuis trois jours et j'arrive à dormir. J'ai trouvé la bonne position pour ne pas sentir mon bras. »

Pauline s'installa confortablement dans le fauteuil qui occupait un angle de la vaste pièce, les deux jambes passées par-dessus un accoudoir, tandis que Morgane s'asseyait en tailleur sur son lit.

« Heureusement que c'est arrivé après les exams, reprit Pauline. Tu imagines, si tu n'avais pas pu te présenter au bac de français…

— Oh oui, je vois très bien la galère…

— Tu pourras remonter à cheval dans combien de temps ?

— Pas avant quinze jours, selon le toubib… Il prétend que cela pourrait être dangereux que je fasse une nouvelle chute avant que l'on soit sûr que tout va bien dans mon crâne. Je crois qu'il en rajoute, je n'ai eu aucun malaise depuis ma bûche. »

Elle haussa les épaules.

« De toute façon, je peux difficilement monter Iliad avec un bras en écharpe. Il va falloir patienter un peu.

— C'est vraiment dommage. Ça va te gâcher les vacances… Je présume que tu ne pourras pas te baigner non plus avant un certain temps…

— Impossible tant que la plaie n'est pas totalement cicatrisée. Pas question d'aller en vacances aux Maldives dans ces conditions ! Mes parents ont annulé l'hôtel. Au moins une chose qui m'arrange bien, je n'avais pas envie d'y aller en laissant Iliad tout seul au club… »

Pauline secoua la tête, atterrée.

« Tu as la chance d'avoir un père pilote de ligne, qui peut obtenir des billets d'avion pour presque rien, et tu n'aimes pas voyager… On peut faire un échange, si tu veux. Mon paternel pourra toujours te donner des conseils pour placer ton argent. Si tu en as à placer, bien sûr…

— Non, merci, je garde le mien, répondit Morgane en riant. Par contre, ça serait très sympa que tu me donnes un coup de main pour mon cheval. Je peux le sortir en main et le mettre au paddock tous les jours, mais j'aimerais que tu le montes de temps en temps, en reprise et à l'extérieur.

— D'accord, mais ne viens pas te plaindre que je lui donne de mauvaises habitudes.

— Promis, juré ! Je ne ferai pas un commentaire. Ça lui fera du bien d'avoir une autre cavalière pendant quelques semaines, nous sommes trop habitués l'un à l'autre. »

Il y eut un bref silence, puis Morgane attaqua le point délicat :

« M'aideras-tu à mener mon enquête pour découvrir ce qui est arrivé à Christelle ? »

Son amie la dévisagea avec attention.

« Tu es vraiment convaincue de l'avoir vue ? demanda-t-elle lentement.

— J'en suis certaine, et je sais ce que je lui dois. Si elle n'avait pas été à mes côtés, je serais peut-être morte ce jour-là. Ça paraît dingue, mais tu me connais. Crois-tu que j'essayerais de te convaincre si j'avais un doute ?

— Non. Les histoires abracadabrantes, ce n'est pas ton style… Mais c'est tellement incroyable… »

Pauline secoua la tête. Puis elle se mordit la lèvre avant de reprendre.

« Au fait, mon crétin de frère écoutait à ma porte tout à l'heure. Je pense qu'il a entendu quelques mots… »

Elle haussa les épaules en faisant la grimace.

« Je crois qu'il en pince pour toi. J'ai déjà remarqué qu'il tend l'oreille quand on cite ton nom à la maison…

— Aymeric ? s'exclama Morgane, surprise. Il est toujours en train de me mettre en boîte…

— Ouais, justement… »

Pauline haussa les épaules.

« Laissons ça de côté pour l'instant. Qu'envisages-tu de faire ?

— Je veux commencer par me renseigner sur les circonstances exactes de "l'accident"…

— Comment ? Tu n'as pas l'intention de demander à Jérémy, j'imagine ? Il était seul avec Christelle, à ce moment-là.

— Il faudrait tout de même connaître sa version… »

Pauline leva les mains pour faire taire son amie.

« Attends une seconde, tu veux… Selon ce que tu crois, Jérémy serait un assassin ! Ce qui me paraît toujours délirant, entre parenthèses… Et tu irais bien gentiment lui demander ce qui s'est passé ? Tu ne penses pas qu'il pourrait se poser des questions, s'il a vraiment quelque chose à se reprocher ?

— Il doit y avoir un moyen pour l'amener à parler de cette journée…

— Ouais, bien sûr ! En disant "s'il te plaît", grinça Pauline avec ironie. Si tu veux mon opinion, qu'il ait ou non quelque chose à voir avec la mort de Christelle, nous avons intérêt à marcher sur des œufs…

— Oui. J'en suis consciente. Pour l'instant, je vais commencer par interroger la mère de Christelle. Je connais son adresse.

— Que vas-tu lui dire ?

— Il faut que j'y réfléchisse... Je dois trouver des arguments convaincants si je veux qu'elle réponde à mes questions. Peut-être devrais-je tout simplement lui dire la vérité. Je verrai... »

La jeune fille tapota le dispositif qui immobilisait son bras.

« Il y a un autre problème. Pas question de faire du scooter ces jours-ci, même si c'est toi qui conduis. Mes parents n'accepteront jamais. »

Elle fronça les sourcils et poursuivit, méditative :

« Tu disais que ton frère s'intéressait à mes affaires ? Tu penses que nous pourrions le convaincre de nous emmener en voiture chez la mère de Christelle ? Et avant, chez l'agriculteur qui a alerté les secours ?

— Il va falloir tout lui expliquer, pour qu'il accepte, répondit son amie avec une répugnance manifeste. Ça ne me branche vraiment pas...

— Moi non plus, mais il pourrait nous être utile...

— Si tu le dis… »

Pauline haussa les épaules et déclara finalement :

« D'accord, je lui demanderai pour demain, mais c'est toi qui lui donneras les explications.

— Entendu », conclut Morgane, satisfaite.

Chapitre 5

Aymeric se fit un peu prier, mais sans exagération, ce qui accentua les soupçons de sa sœur quant à son intérêt pour son amie. Il écouta les explications de Morgane avec un scepticisme ironique mais se dispensa de se moquer ouvertement.

« Bon, je veux bien te servir de chauffeur, puisque tu es vraiment coincée avec ta blessure. Je suis curieux d'assister à ton enquête. À mon avis, tu es bien partie pour te coller dans les ennuis jusqu'au cou.

— Ça, c'est mon problème. Je te remercie de m'aider, mais je veux que tu t'engages à ne parler de cette histoire à personne !

— Surtout pas à tes andouilles de copains », intervint Pauline.

Son frère lui jeta à peine un regard, son attention fixée sur Morgane.

« Je ne dirai pas à un mot à quiconque. Mais, en échange, il faudra que tu me rendes un service, un de ces jours…

— Quel genre de service ?

— Je ne sais pas encore. Nous verrons.

— D'accord, si ce n'est pas complètement débile.

— Pour qui me prends-tu ? Pour ma sœur ? »

Pauline lui balança un coup de poing qu'il esquiva sans difficulté, avec un sourire narquois.

« Toi, dit-il à cette dernière, je ne suis pas certain d'avoir envie de te faire monter dans ma bagnole…

— Vous réglerez vos comptes plus tard, s'interposa Morgane, il faut qu'on parte maintenant ! »

Ils dénichèrent l'exploitation agricole sans difficulté. Le propriétaire des lieux n'était pas sur place, mais son fils, un garçon d'une dizaine d'années, leur indiqua dans quel champ le trouver. Aymeric grogna que sa voiture n'était pas un tout-terrain, mais il prit néanmoins la direction indiquée, roulant à petite vitesse sur les chemins de terre plus ou moins creusés. L'agriculteur se trouvait bien à l'endroit voulu, examinant la maturité de son blé. Il reconnut aussitôt Morgane et son visage s'éclaira d'un large sourire.

« Mais c'est ma petite cavalière, s'exclama-t-il. Vos parents sont passés, il y a quelques jours, pour me remercier et me donner de vos nouvelles. Je vois que vous êtes sur pied, à présent. Comment vous sentez-vous ?

— Bien. Il n'y a plus que mon bras qui me gêne encore. Je tenais à venir vous exprimer ma reconnaissance.

— Bah ! J'ai fait ce que toute personne aurait fait à ma place, avec un minimum de connaissances en secourisme. Remerciez aussi votre ange gardien. J'aurais pu ne pas vous voir, couchée comme vous l'étiez à l'ombre de la haie. »

Il secoua la tête en se remémorant la scène.

« Avec le bruit du tracteur, ajouté à celui de la radio dans la cabine, je n'ai rien entendu. J'étais loin de l'entrée du champ et j'ignore pourquoi mon attention a été attirée de ce côté. Ça va sans doute vous paraître idiot, poursuivit-il lentement, mais c'est comme si quelqu'un m'avait tiré par la manche pour me signaler votre présence. »

Un sourire ramena la bonne humeur sur son visage.

« En tout cas, je suis content qu'on ait fait du bon boulot, votre ange gardien et moi.

— Moi aussi, approuva Morgane en riant. Je peux vous embrasser ?

— Bien sûr ! »

La jeune fille lui planta un baiser sur les deux joues et son sauveteur lui tapota le dos, visiblement ému. Puis l'adolescente courut jusqu'à la voiture et revint avec un paquet enveloppé d'un papier cadeau. L'homme secoua la tête, embarrassé.

« C'est gentil, mais je ne peux accepter.

— Vous êtes obligé. C'est très important pour moi. J'ai beaucoup réfléchi à ce que je pourrais vous offrir et j'espère que ça vous plaira. »

Morgane lui mit de force le paquet entre les mains et l'embrassa une nouvelle fois sur la joue.

« Merci de m'avoir secourue. J'espère que nous nous reverrons. Au revoir ! »

La jeune fille adressa encore des signes de la main à son sauveteur tandis que la voiture s'éloignait.

« C'est quoi, le cadeau ? s'enquit Pauline avec curiosité.

— Un portable de la dernière génération. Il lui servira peut-être pour secourir quelqu'un d'autre. Mes parents voulaient participer, mais j'ai tenu à le payer moi-même entièrement. Ce n'est pas tous les jours qu'on me sauve la vie. Lui et mon "ange gardien"... J'ai une autre dette. Et je vais tout faire pour m'en acquitter.

— Allons, tu crois vraiment que c'est ta copine Christelle qui l'a alertée ? demanda Aymeric avec un scepticisme moqueur.

— Ricane tant que tu veux. Moi, je sais ce qui s'est passé. »

Le garçon lui jeta un coup d'œil. Elle ne plaisantait vraiment pas.

« O.K. C'est parti pour la deuxième étape... »

Chapitre 6

La mère de Christelle se trouvait à son domicile. L'ayant rencontrée plusieurs fois au club hippique du temps où sa fille le dirigeait, Morgane la trouva considérablement changée. Perdre à deux ans d'intervalle son mari puis l'une de ses filles l'avait éprouvée durement. Elle parut surprise de trouver trois jeunes gens devant sa porte, mais elle les invita à entrer avec chaleur. Elle les fit asseoir au salon et leur proposa quelque chose à boire. Ils refusèrent poliment avec un bel ensemble.

« De quoi vouliez-vous me parler ? » demanda leur hôtesse.

Morgane se mordit la lèvre, hésitant sur la façon de présenter les choses. Ses deux acolytes la fixaient du regard, attendant qu'elle se lance. La jeune fille opta finalement pour la vérité.

« Vous êtes en droit de ne pas me croire, mais je peux vous affirmer que tout ce que je vais dire est totalement sincère. »

Intriguée par cette introduction, Mme Chamat écouta attentivement le récit de l'adolescente. Lorsque Morgane eut terminé, son interlocutrice était figée, le regard perdu dans le vague. L'adolescente jeta un regard à Pauline et à son frère. Tous trois attendirent la réaction de leur hôtesse avec une certaine anxiété. Pour une fois, Aymeric avait totalement perdu son sourire.

Il se passa un moment que les trois jeunes gens trouvèrent interminable. Enfin, Mme Chamat reprit la parole.

« Je suis certaine que vous ne vous livrez pas à une plaisanterie douteuse. Vous semblez convaincue de ce que vous dites. Mais c'est si déroutant… Imaginer que vous ayez pu entrer en contact avec Christelle… »

Elle serra ses bras autour d'elle en un geste inconscient.

« Je ne crois pas à ce genre de chose… Je ne sais quoi penser…

— Accepteriez-vous tout de même de répondre à quelques questions ? » demanda doucement Morgane.

Mme Chamat hocha la tête avec un faible sourire, profondément troublée.

« Posez-les, nous verrons…

— Comment Christelle a-t-elle rencontré Jérémy ?

— Sur un terrain de concours, voilà trois ans. Il a beaucoup admiré son cheval, Galaad, proposant même de le lui acheter. Christelle a trouvé Jérémy charmant, drôle, plein d'esprit, il lui a fait une très forte impression. Lorsqu'il est passé au club, quelques jours plus tard, elle a accepté de dîner avec lui. Christelle a toujours consacré beaucoup plus de temps aux chevaux qu'aux hommes. Depuis son divorce, quatre ans auparavant, je crois que c'était la première fois qu'elle acceptait un rendez-vous. À peine six mois plus tard, termina-t-elle avec une expression chagrine, il s'installait chez elle. »

Morgane se pencha légèrement en avant.

« Vous n'étiez pas d'accord ? »

Mme Chamat émit un rire bref.

« Christelle avait trente-cinq ans, vous savez. Elle se passait de mon autorisation depuis longtemps… Et je me serais bien gardée de vouloir intervenir dans sa vie. »

Elle hocha la tête et poursuivit lentement.

« Pour être franche, j'avais un à priori envers Jérémy. Un homme si charmeur ne me semblait pas fiable. Christelle avait beaucoup souffert de son divorce et j'espérais qu'elle n'aurait pas à affronter une nouvelle déception… Je dois dire à sa décharge que Jérémy n'a rien fait pour étayer mes craintes durant leur vie commune. Il semblait très amoureux.

— Excusez-moi de vous poser la question, mais pouvait-il avoir un intérêt à la disparition de votre fille ? »

Mme Chamat prit son temps pour répondre. Enfin, elle finit par déclarer :

« Le club est une société. J'avais fourni des fonds pour aider Christelle lorsqu'elle s'est installée, ce qui fait que j'en détiens une petite part. Ma fille possédait le reste. Jérémy a investi une assez jolie somme pour devenir son associé, ce qui a financé de nouveaux aménagements. Au décès de Christelle, il a hérité de ce qu'elle détenait, qu'elle lui a légué par testament selon un engagement réciproque conclu entre eux. Il a la majorité des parts en main, à présent… »

Elle s'interrompit un instant, puis poursuivit d'une voix sourde :

« Il a aussi touché le montant d'une assurance décès. Cela, je ne l'ai appris que récemment… »

Un lourd silence s'installa tandis que chacun digérait la nouvelle.

« Existe-t-il un rapport d'accident que nous pourrions consulter ? demanda Morgane.

— Pour accepter de régler Jérémy, la société d'assurance en a forcément exigé un. Je dois pouvoir en obtenir une copie, répondit Mme Chamat.

« Je vous remercie de votre aide. Je suis désolée d'avoir ravivé votre chagrin. »

La jeune fille se leva, donnant le signal à ses amis qui bondirent sur leurs pieds. Leur hôtesse se redressa à son tour et dévisagea l'adolescente.

« Je vous trouve bien jeune pour d'aussi sombres préoccupations. Sans doute devrais-je me décider à demander l'ouverture d'une enquête… »

Morgane fixa son interlocutrice intensément.

« Vous pensez donc que mes soupçons sont fondés… »

Mme Chamat pinça les lèvres en évoquant un souvenir. Elle hésita puis finit par confier :

« Il y a quelques mois, juste après le décès de ma fille, je me suis rendue chez elle pour apporter quelques documents à Jérémy. Je suis passée par derrière, comme je le faisais souvent du temps de Christelle. Il y avait de la musique, très forte. Surprise, j'ai regardé par la fenêtre du salon, sans me montrer. Si Jérémy recevait quelqu'un, je n'avais pas l'intention d'entrer. En fait, il n'y avait que lui… Il dansait tout seul, un verre à la main, un large sourire aux lèvres, comme s'il fêtait une bonne nouvelle. J'ignore pourquoi il faisait ça, mais cette vision m'a choquée au point que j'ai fait demi-tour et que je suis partie sans me retourner. Depuis, je revois souvent ces images… Je n'en avais parlé à personne jusqu'à présent… »

Morgane prit la main de Mme Chamat et la serra.

« S'il vous plaît, ne faites rien pour l'instant. Si la gendarmerie accepte tout de même d'ouvrir une enquête sur de vagues soupçons, cela prendra du temps et Jérémy risque de disparaître. Accordez-nous quelques semaines.

— S'il vous arrive quoi que ce soit, je m'en sentirai responsable… Surtout si vos parents ne sont pas informés de vos démarches…

— J'ai essayé de leur en parler, je vous l'ai dit, mais ils ne m'ont pas crue… Ne vous inquiétez pas, nous serons très prudents.

— Je ne sais plus ou j'en suis… » soupira Mme Chamat.

Son regard se porta sur une photographie accrochée au mur. Christelle franchissant un obstacle de cross, en selle sur Galaad.

« Très bien, reprit-elle enfin, je vous laisse agir comme vous l'entendez. Mais je tiens à ce que vous m'informiez régulièrement et que vous fassiez très attention !

— Entendu, je vous le promets. Merci et à bientôt ! »

Les trois jeunes gens regagnèrent la voiture. Morgane échangea un coup d'œil avec Pauline et regarda Aymeric. Les mains sur le volant, celui-ci semblait perdu dans ses pensées.

« Eh bien ? » demanda la jeune fille.

Le garçon tourna vers elle son regard d'eau claire, les traits empreints d'une gravité inhabituelle.

« Pour être honnête, dit-il, je pensais que cette visite marquerait le coup d'arrêt de ton enquête… Je voyais tout ça comme un vaste bobard qui se dégonflerait rapidement. Mais la mère de Christelle a l'air d'avoir les mêmes soupçons que toi… »

Il secoua la tête.

« Les filles, je ne suis pas sûr que ce soit une bonne idée de poursuivre… S'il y avait un fond de vérité dans cette histoire, ça pourrait devenir dangereux.

— Mais nous ne sommes pas seules, lança Morgane avec un sourire en coin. Voyons, tu es là pour nous protéger… »

Le garçon lui adressa un rictus.

« Vachement drôle ! Bon, où allons-nous, à présent ?

— Au club ! J'ai hâte de voir mon cheval. »

Aymeric leva les yeux au ciel, mais démarra la voiture sans autre commentaire.

Chapitre 7

Le box d'Iliad était vide. Morgane et Pauline partirent à la recherche de Virginie, l'une des palefrenières, escortées par Aymeric qui observait les lieux avec l'œil du néophyte. Le monde du cheval ne l'avait jamais attiré. Il laissait ça à sa sœur.

« J'ai mis Iliad dans le manège couvert tout à l'heure », déclara Virginie à Morgane.

Elle tint la jeune fille à bout de bras pour l'examiner avec attention.

« Je suis drôlement contente de te voir sur pieds. Tu n'as pas l'air trop mal en point… Heureusement que tu as été secourue rapidement, tu aurais pu y rester… »

Morgane échangea un regard avec Pauline.

« Oui, j'ai eu de la chance, répondit-elle, et je suis extrêmement reconnaissante à tous ceux qui m'ont aidée.

— J'espère que ça te servira de leçon, commenta Virginie en hochant la tête. C'est imprudent de partir seule à cheval, on ne sait jamais ce qui peut se passer. La preuve…

— Oui, maman, promis, je ne le ferai plus », répliqua l'adolescente en baissant les yeux avec une fausse contrition.

La jeune femme la menaça, index pointé, avec un sourire en coin.

« Sois respectueuse envers tes aînées où je te flanque une fessée ! Ouste ! Allez donc voir Iliad, j'ai du travail, moi, je ne suis pas en vacances !

— À plus ! »

Les trois jeunes gens se dirigeaient vers le manège couvert quand ils aperçurent un homme vêtu d'une impeccable tenue de cavalier, qui venait vers eux.

« Attention, voilà Jérémy », souffla Pauline.

Ce dernier embrassa les deux jeunes filles et serra la main d'Aymeric. Il avait un visage séduisant, des yeux d'un bleu remarquable et un large sourire encadré par une moustache et un bouc couleur de blé, soigneusement entretenus.

« Comment vas-tu, Morgane ? demanda-t-il avec chaleur. Ton bras ne te fait pas trop souffrir ? »

La jeune fille s'efforça de prendre une expression affable.

« Ça va. Il suffit d'être patiente quelque temps. Il n'y a rien de grave.

— J'en suis enchanté, répondit l'homme en tapotant son épaule valide d'un geste amical. Ta présence nous a beaucoup manqué, tout le monde s'est fait beaucoup de soucis. Remets-toi vite !

— Merci. »

Sur un dernier sourire, il poursuivit son chemin. Aymeric se retourna pour le suivre des yeux. Lorsque Jérémy ne fut plus à portée de voix, il commenta :

« Ce type a quelque chose de visqueux…

— Ça, se moqua sa sœur, c'est parce que tu es jaloux de son charme.

— Sûrement, ouais ! Ce doit être son air de blaireau imbu de lui-même que j'envie, ou son sourire de vendeur de voitures… En tout cas, il n'a pas l'air bien dangereux… »

Ils se remirent en marche.

« Je ne vois pas comment découvrir s'il s'agissait d'un accident ou d'autre chose, reprit le garçon. S'ils n'étaient que tous les deux… »

Morgane se mordit la lèvre, les yeux dans le vague.

« La mort de Christelle pouvait-elle lui rapporter suffisamment pour le pousser à commettre un meurtre ? Comment peut-on tuer quelqu'un pour de l'argent ?

— S'il a vraiment fait ça, c'est qu'il y avait peut-être autre chose… avança Pauline. Ce type a toujours eu l'air bourré de fric. Ses fringues, sa bagnole, sa montre de luxe… Que faisait-il avant de s'associer avec Christelle dans le club ? Peut-être avait-elle découvert des activités louches… »

Elle s'arrêta soudain, comme si une idée lui traversait l'esprit :

« Et si ce n'était pas la première fois ? chuchota-t-elle, les yeux agrandis par une excitation horrifiée.

— Quoi ? s'exclamèrent en chœur les deux autres.

— Moins fort ! leur lança-t-elle. Oui, j'ai vu ça un soir dans une émission. Il y avait un type qui avait assassiné trois de ses épouses pour toucher des assurances, et une femme, aux États-Unis cette fois, qui en était à son cinquième ou sixième mari… Elle les trucidait pour toucher la prime puis elle changeait de région et elle se cherchait une nouvelle victime…

— Bon sang, grogna son frère, tu n'as rien trouvé d'autre à regarder que ce genre de truc !

— Est-ce que je commente tes choix de programme ? D'ailleurs, c'était vraiment par hasard, en zappant sur les chaînes du satellite… Et puis, ce n'est pas la question du moment ! »

Morgane fronça les sourcils, pensive.

« Il faudrait en savoir plus sur son passé… »

Aymeric secoua la tête.

Tout ça prenait une tournure franchement déplaisante et l'attitude des filles lui ôtait toute envie de rire.

« Bon sang, vous écoutez ce que vous dites ? Ce mec serait un tueur en série, à présent ?

— Écoute, déclara Morgane d'un ton apaisant, s'il n'a rien à cacher, ce ne sera pas difficile de trouver des renseignements sur lui. Il y a des registres d'état civil. S'il a déjà été marié, on peut le savoir. On verra bien…

— Il y a un moyen simple d'obtenir plus de renseignements, intervint Pauline avec fougue.

— Ah ouais ? grinça son frère, méfiant.

— Il suffit de fouiller chez lui. Il a forcément des papiers, comme maman et papa dans le bureau. Des factures de son ancien domicile, des trucs des impôts, ce genre de choses, quoi… »

Morgane hocha la tête, admirative.

« C'est une idée géniale ! Ensuite, nous pourrons orienter nos recherches…

— Vous êtes complètement barjo ! » s'exclama Aymeric, époustouflé de tant d'inconscience.

Il baissa la voix pour poursuivre.

« Vous savez comment s'appelle ce que vous envisagez ? Violation de domicile ! C'est vous qui allez vous retrouver chez les flics ! Sans compter que si l'autre, par extraordinaire, était vraiment un cinglé, vous pourriez finir découpées en rondelles ! »

Les deux filles échangèrent un regard entendu dont le sens n'échappa pas au garçon.

« M… ! jeta-t-il, exaspéré par leur connivence. Ça va beaucoup trop loin. Si vous ne laissez pas tomber, je serai obligé d'en parler aux parents !

— Tu as promis de ne pas dire un mot sur cette histoire, lui rappela Morgane froidement. Si tu caftes, c'est que tu n'es qu'un minable, dépourvu de parole. Je croyais que tu avais un peu plus de cran… »

Le garçon affronta son regard méprisant pendant quelques secondes. Il finit par faire machine arrière, à contrecœur.

« O.K. Je vais tenir ma promesse. Pour l'instant ! Si les choses dérapent encore plus, je ferai ce que j'estime être le moins débile…

— Merci. »

Morgane lui octroya un sourire rayonnant, auquel le garçon répondit par une grimace désabusée et narquoise, bien conscient de se laisser manipuler.

« Il faut choisir un moment où nous serons sûrs que Jérémy ne risque pas de débarquer à l'improviste… reprit la jeune fille.

— Il doit monter Galaad en concours, samedi, avança Pauline. Il suffit de passer un coup de fil pour savoir à quelle heure se déroule son épreuve. S'il est à cheval, à soixante bornes d'ici, pas de risques qu'il surgisse quand on ne l'attend pas !

— Impeccable, approuva Morgane. Je sais où

Christelle cachait ses clés de secours. Si elles y sont toujours, ce ne sera pas compliqué d'entrer dans la maison. »

Son amie hocha la tête.

« C'est moi qui m'y colle. Tu ne serais pas efficace pour fouiller, avec ton bras en écharpe. »

Elle fronça les sourcils, réfléchissant au mode opératoire de leur expédition.

« Si jamais je me fais surprendre par quelqu'un, je suis sûre que la mère de Christelle acceptera de dire que c'est elle qui m'a envoyée chercher quelque chose. De toute façon, vous ferez le guet pour que cela ne se produise pas. »

Elle regarda son frère avec un petit sourire.

« J'ai même une idée qui devrait te plaire, pour une fois… »

Chapitre 8

Le reste de la semaine s'écoula assez vite. Morgane promena Iliad tous les jours, en main. Le cheval ne se ressentait nullement de leurs mésaventures. À peine pouvait-on voir quelques cicatrices sur ses genoux. Pauline le monta deux fois en reprise, sous l'œil attentif et un peu frustré de son amie. Il se montra de bonne composition, malgré la monte différente de sa nouvelle cavalière.

Dès qu'elles en avaient l'occasion, les deux jeunes filles observaient Jérémy, à la recherche d'un signe ou d'un comportement suspect. Un criminel pouvait-il avoir une apparence si normale, plaisante et chaleureuse ? Morgane avait par moment l'impression que toute l'histoire était irréelle. Mais chaque fois qu'elle se mettait à douter, elle se remémorait, avec une précision et une force effrayantes, la voix et les mots de Christelle.

Lorsque les trois jeunes gens arrivèrent au club le samedi matin, Jérémy était parti pour le concours.

« Parfait, commenta Pauline. À présent, il ne me reste plus qu'à entrer sans que personne me voie. Vous allez faire le guet sur le chemin. »

La maison était à une cinquantaine de mètres derrière le manège couvert, au bord d'un chemin de terre bordé d'arbres qui rejoignait une petite route. Des voitures et des cavaliers l'empruntaient de temps à autre.

« Ça risque de ne pas être discret comme surveillance, si on se plante en plein milieu avec un téléphone portable à la main, remarqua son frère, ironique.

— C'est là que tu te trompes ! s'exclama Pauline, triomphante. Tu vas garer ta voiture à la hauteur de la haie, là où on ne peut pas la voir depuis les écuries.

— Tous ceux qui passeront sur le chemin nous verront, eux.

— Justement ! Que pensent les gens quand ils voient une fille et un garçon dans une voiture stationnée dans un coin discret ? Si vous avez l'air convaincant, tout le monde sera si occupé à vous regarder en passant que personne ne jettera un œil vers la maison. »

Morgane et Aymeric échangèrent un regard circonspect.

« Allons-y ! » lança Pauline avec un petit sourire devant l'expression des deux autres.

Aymeric gara donc sa voiture au bord du passage, du côté opposé à la maison, l'avant tourné en direction du club. Il n'y avait personne en vue.

« J'y vais », lança sa sœur.

Elle gagna rapidement le jardin, ouvrit l'arrière d'un petit refuge en bois destiné aux oiseaux et prit la clé de secours qui s'y trouvait encore. Puis elle s'avança avec naturel vers la porte d'entrée, la déverrouilla et entra.

« Ça y est, chuchota Aymeric. Elle est dans la place. Je lui fais confiance pour fouiner partout. C'est une seconde nature…

— Toujours sympa… » commenta Morgane.

Le garçon reporta son attention sur elle. Il tendit une main et la passa en une caresse légère dans les courts cheveux noisette de la jeune fille.

« Qu'est-ce qui te prend ? s'exclama celle-ci avec un mouvement de recul.

— Je m'entraîne, répliqua le garçon, moqueur. Tu as entendu ma sœur ? Il faut que nous ayons l'air d'un couple amoureux, si quelqu'un passe. Approche-toi un peu et ne fais pas cette tête. Pour l'instant, tu n'es pas crédible dans le rôle…

— On devrait peut-être représenter un couple qui se dispute… », maugréa la jeune fille.

Elle se rapprocha néanmoins et Aymeric lui passa un bras sur les épaules.

« Tu penses qu'elle en a pour combien de temps ? demanda Morgane en jetant un coup d'œil inquiet en direction de la maison.

— Je ne sais pas. Tout dépendra de ce qu'elle va trouver. Elle a l'appareil numérique pour photographier ce qui pourrait être intéressant. »

Le garçon secoua la tête d'un air effaré.

« J'ai du mal à réaliser que je me suis laissé embarquer dans un truc illégal…

— Attention, voilà du monde ! » l'interrompit Morgane.

Un petit groupe de cavaliers rangés en file indienne venait d'apparaître. Aymeric ne leur accorda pas un regard.

« Soyons convaincants », souffla-t-il en attirant la jeune fille vers lui.

Tandis qu'il l'embrassait, Morgane perçut confusément le passage des chevaux. Quelques rires et un ou deux sifflements prouvèrent que l'effet était réussi. Les cavaliers s'éloignèrent. Morgane sentait son cœur s'emballer quand la vibration inopinée de son portable la fit sursauter violemment. Elle se dégagea de l'étreinte du garçon et décrocha, évitant le regard d'Aymeric.

« Je peux sortir ? demanda aussitôt la voix de Pauline.

— Attends quelques secondes, il y a un départ de balade qui vient juste de passer. »

Elle regarda les chevaux tourner au bout du chemin et disparaître à la vue derrière les haies bordant la route.

« C'est bon ! la voie est libre !

— O.K., j'arrive. »

Un instant plus tard, Pauline se glissait sur le siège arrière de la voiture.

« Fichons le camp », dit-elle.

Aymeric démarra aussitôt. Il fit demi-tour devant la maison puis rejoignit la route. Morgane se tourna vers son amie.

« Eh bien ? Qu'as-tu trouvé ?

— Rien. Et c'est carrément bizarre. Dans le bureau, il y a un grand classeur à rideau. J'y ai découvert tout un tas de papiers concernant le club et la maison, des factures, des attestations d'assurance, des feuilles d'impôt concernant Christelle, mais rien au nom de Jérémy. Chou blanc aussi dans la chambre et les autres pièces. À moins qu'il stocke ses papiers dans le congélateur ou au grenier, les seuls endroits où je n'ai pas regardé, ce type n'a rien dans cette maison qui puisse nous renseigner sur son passé…

— Qu'en fait-il donc ? s'interrogea Morgane en fronçant les sourcils. Il doit bien les mettre quelque part… En tout cas, nous devons modifier nos plans. Voir du côté de la mairie, peut-être, des listes électorales et des choses de ce genre… Les impôts acceptent-ils de donner des renseignements sur les contribuables ?

— Ça m'étonnerait, répondit Aymeric, ce doit être confidentiel.

— Il faut retourner voir Mme Chamat, déclara Pauline. Elle aura peut-être des informations qui pourront nous servir… Et nous saurons si elle a reçu la déclaration d'accident.

— Ce n'est pas idiot, pour une fois, apprécia Aymeric. On y va. »

Sa sœur se pencha entre les deux sièges.

« Et comment s'est passée votre attente ? » demanda-t-elle, une lueur espiègle dans le regard.

Les deux autres haussèrent les épaules avec un bel ensemble.

« Oh ! Si bien que ça ? commenta la jeune fille avec amusement. En fait, je crois que vous devriez continuer à donner le change, au club. Ça justifierait que mon frère traîne là aussi souvent. Personne ne voudrait croire que c'est pour m'accompagner, alors qu'il n'a jamais montré le bout de son nez auparavant. »

Elle se rencogna dans son siège, souriante, tandis que Morgane et Aymeric fixaient la route d'un air concentré, évitant soigneusement de se regarder.

Chapitre 9

« **Je sais peu de choses** de Jérémy, déclara Mme Chamat. D'après Christelle, il a passé plusieurs années à l'étranger, où il a monté une entreprise commerciale avec un certain succès. Des déboires sentimentaux lui auraient donné envie de retrouver son pays d'origine… Il est rentré en France après avoir vendu son affaire. Je ne crois pas que Christelle en savait beaucoup plus. Elle n'était pas du genre à soumettre les gens à la question. Elle estimait trop la liberté pour ne pas respecter celle des autres comme elle souhaitait que l'on respecte la sienne. »

Morgane grimaça.

Si Jérémy venait effectivement de l'étranger, les recherches se compliquaient...

« Avez-vous obtenu une copie de la déclaration d'accident ?

— Oui, je l'ai ici », répondit leur hôtesse en se levant pour prendre quelques feuillets dans un secrétaire.

Elle les tendit à Morgane et les trois jeunes gens se penchèrent de concert pour les déchiffrer.

Selon les déclarations de Jérémy, Christelle et lui étaient partis en forêt pour une promenade de détente. Ils arrivaient à une intersection appelée « le rond des châtaignes » quand le cheval de Christelle avait pris peur, un sanglier ayant déboulé brusquement d'un fourré. À ce moment-là, la jeune femme avançait tranquillement, sans étriers et rênes longues, et elle n'avait pu maîtriser sa monture, qui s'était emballée. Jérémy avait lancé son cheval à la poursuite de Galaad, sans oser trop s'approcher pour ne pas l'affoler davantage, mais quelques centaines de mètres plus loin Christelle avait été jetée à terre par sa monture paniquée. Par malheur, sa tête avait porté sur une souche et elle s'était brisé les vertèbres cervicales.

Lorsque Jérémy l'avait rejointe, il n'y avait plus rien à faire. La cavalière avait été tuée sur le coup.

Les trois jeunes gens se regardèrent. L'histoire était plausible. Et pas d'autre témoin que Jérémy…

« Il n'y a eu aucune enquête sur les lieux de l'accident ? demanda Morgane.

— Jérémy a appelé les secours. Ils ont constaté le décès de ma fille. Personne ne semble avoir mis en doute le récit que son compagnon a fait de l'accident. Même l'assurance n'a pas fait de difficultés. Ce n'était pas la première fois que Christelle était victime d'un accident de cheval. »

Morgane hocha la tête. Elle était bien placée pour savoir que nul n'est à l'abri d'une chute, dont les conséquences peuvent être graves, voir fatales.

« Je peux conserver cette copie ? demanda-t-elle.

— Si tu veux. »

L'adolescente jeta un coup d'œil à sa montre. Onze heures passées.

« Cet après-midi, j'irai faire un tour sur les lieux de l'accident.

— Qu'espères-tu y trouver ? demanda Pauline. En quelques mois, la forêt a sûrement effacé toute trace…

— Je veux juste me rendre compte de l'aspect des lieux. »

Elle se tourna à nouveau vers Mme Chamat.

« Merci pour la déclaration. Nous allons poursuivre nos recherches, nous finirons bien par trouver une piste…

— Soyez très prudents !

— Ne vous faites pas de souci. À bientôt ! »

En se dirigeant vers la porte, l'attention de Morgane fut attirée par un agenda posé à côté du téléphone, sur la petite table de l'entrée. Sans qu'elle pût s'en expliquer la raison, son regard revint plusieurs fois sur l'objet tandis qu'elle prenait congé de son hôtesse. Intriguée par son expression, Mme Chamat suivit la direction de son regard.

« C'est le calepin qui t'intéresse ? »

Elle battit des paupières, troublée.

« Il appartenait à Christelle. Comment… »

Les yeux de Morgane s'agrandirent.

« Cela vous ennuierait-il que je le consulte ?

— Non… il n'y a rien de personnel. Ce n'est

qu'un agenda très banal, où elle notait parfois ce qu'elle avait à faire. Elle l'avait oublié, quelques jours avant que… »

Elle soupira, éludant les mots douloureux. Prenant le carnet, elle le tendit à la jeune fille.

« Il était resté là en attendant qu'elle le récupère. Je veux bien te le prêter, à condition que tu ne le perdes pas. C'est un souvenir que je veux conserver.

— J'y ferai très attention. Merci. »

L'adolescente ressentit comme un fourmillement dans les doigts en les refermant sur la couverture bleu marine.

Les trois jeunes gens repartirent, cette fois en direction de la maison de Morgane. Celle-ci ouvrit l'agenda et se mit à en feuilleter les dernières pages.

« Quelle écriture ! grimaça Pauline qui regardait par-dessus son épaule. J'arrive à peine à déchiffrer un mot sur deux !

— Oui, acquiesça Morgane. C'est plutôt difficile à lire. Je verrai ça de plus près, au calme. Je n'espère pas trop y trouver de révélations, sa mère l'a déjà regardé avant moi… »

Elle posa soigneusement le calepin sur le tableau de bord, ressentant toujours une curieuse sensation à son contact.

« Voulez-vous déjeuner avec nous, ce midi ? proposa-t-elle à ses amis.

— Tu devrais peut-être demander à ta mère si ça ne la dérange pas, avant de lancer les invitations, remarqua Pauline.

— Pas de problème, elle est seule avec Lorraine et le dimanche est une journée cool, à la maison. Mon père ne rentre que demain. Je crois que ça fera plaisir à maman de vous avoir à déjeuner.

— Appelle quand même, intervint Aymeric. Si elle est d'accord, Pauline préviendra nos parents. »

Mme Charre parut enchantée de voir les amis de sa fille.

« Poulet rôti, frites, salade ! Cela convient à tout le monde ? C'est parfait ! Mettez donc le couvert sur la terrasse pendant que je finis de laver la salade. »

Les trois jeunes gens s'exécutèrent, gênés plutôt qu'assistés par la petite Lorraine, tout excitée par la présence des « grands ». Le repas se déroula dans la bonne humeur, au milieu des plaisanteries et des mises en boîte, les deux adolescentes se liguant généralement contre le garçon. Mme Charre proposa des glaces en dessert. Tandis que chacun savourait le contenu de sa coupe, elle se tourna vers Aymeric.

« C'est très gentil à toi de rendre service à Morgane en la véhiculant ! »

Le garçon eut l'air un peu embarrassé. Il haussa les épaules d'un air dégagé.

« Il faut bien s'entraider.

— Je t'en remercie. Cela m'évite de courir dans toutes les directions. J'avoue que j'apprécie à sa juste valeur l'autonomie que lui procure son scooter, d'ordinaire… À ce propos, je tiens absolument à participer à tes frais d'essence. Tu prends déjà sur ton temps de loisir, il ne manquerait plus que cela te pénalise financièrement…

— Je vous remercie, mais ce n'est absolument pas une corvée… »

Pauline entonna quelques mesures d'une chanson d'amour sur un mode ironique. Morgane lui balança un grand coup de pied sous la table tandis que son frère la fusillait du regard.

Mme Charre dissimula un sourire et commença de ramasser la vaisselle sale.

« Bien, aidez-moi à tout rapporter à la cuisine, ensuite vous pourrez vaquer à vos occupations.

— Vous faites quoi cet après-midi ? s'enquit Lorraine avec intérêt.

— On va se promener, lui répondit brièvement sa sœur.

— Je peux venir ? demanda la petite.

— Tu devrais plutôt téléphoner à Charlotte, intervint sa mère. Si elle a envie de passer la fin de journée avec toi, nous pouvons aller la chercher…

— Oh oui ! » s'exclama le « typhon » en bondissant comme un cabri.

Elle disparut dans la maison à la vitesse de l'éclair.

« Efficace, commenta Morgane avec soulagement.

— Je me doute bien que la dernière chose que tu souhaites est d'avoir ta petite sœur dans les pieds ! »

Elle adressa un clin d'œil à sa fille, assorti d'un sourire taquin, et glissa à voix basse :

« Beau garçon, vraiment…

— Maman ! » protesta l'adolescente en fronçant les sourcils.

Sa mère se mit à rire et partit en direction de la cuisine avec son chargement d'assiettes. Les trois jeunes gens finirent de débarrasser puis s'éclipsèrent.

« Où va-t-on ? demanda Aymeric lorsqu'ils eurent regagné la voiture.

— Au club, répondit Morgane. Je veux faire un tour en forêt. »

Elle se tourna vers son amie, qui s'était réinstallée sur le siège arrière.

« Merci pour la fine allusion. Ma mère croit maintenant que je sors avec ton frère !

— Eh bien, c'est parfait ! Personne ne s'étonnera qu'il soit toujours avec nous. Je devrais peut-être vous laisser des moments d'intimité pour que cela soit plus crédible… »

Ses yeux bleus pétillaient de malice. Morgane lui adressa un sourire acide.

« Je te revaudrai ça ! La vengeance est un plat qui se mange froid… »

Peu impressionnée par la menace, Pauline éclata de rire, satisfaite d'elle-même.

« Pas question que je me perche sur un canasson, déclara fermement Aymeric. Et toi, Morgane, si j'ai bien compris, tu n'as pas le droit de monter tant que le toubib n'a pas donné le feu vert…

— Je n'ai pas l'intention de prendre Iliad. C'est Pauline qui le montera. Moi, je vais emprunter le vieux cheval de Virginie. C'est un quater horse de vingt-deux ans, tellement calme que je le soupçonne de dormir en marchant. Elle accepte de me le prêter à condition que je ne parte pas seule. Virginie comprend parfaitement mon envie de monter, elle ! Une fois, je l'ai vue à cheval avec un bras dans le plâtre…

— Vous êtes tous cinglés chez les cavaliers ? C'est peut-être à force de tomber sur la tête… »

Avec un soupir, le garçon abandonna la partie.

« Allez-y. Je vous attendrai. Passez-moi un coup de fil en cas de problème.

— Comme tu voudras. Tu ne sais pas ce que tu perds…

— Ouais, je sais surtout à quoi j'échappe. »

Chapitre 10

Quelques instants plus tard, les deux cavalières s'éloignaient sur le chemin menant aux bois. Pour une fois, Morgane appréciait le harnachement à l'américaine. La selle large et profonde était aussi confortable qu'un fauteuil et le dressage du quater horse lui permettait de le diriger d'une seule main, en rêne d'appui. L'adolescente se laissait bercer par le pas du vieux Red Sign, savourant le bonheur d'être à nouveau à cheval.

« Il y aurait quelque chose à creuser dans ce genre d'équitation, si on décidait de se lancer dans la randonnée… remarqua-t-elle à haute voix.

— Pourquoi pas ? Ce serait sympa de partir plusieurs jours. »

Pauline se concentrait sur les réactions de sa monture. Iliad était très frais et elle ne tenait pas à se retrouver propulsée en haut d'un arbre s'il décidait, dans sa gaieté, de se livrer à quelques bonds.

« Il a vraiment un beau modèle, s'extasia Morgane en contemplant son grand bai qui avançait devant elle. Quelle croupe superbe ! Puissante et bien musclée…

— Oui. En attendant, j'aimerais qu'il ne s'en serve pas pour me virer. Ça t'ennuierait que nous fassions un peu de trot pour le détendre ? Il vibre comme la corde d'un arc !

— Pas de problème, je te suis. Si Redy veut bien se réveiller un peu… »

Elles trottèrent un moment puis passèrent finalement au petit galop. Iliad fit quelques sauts de mouton pour montrer sa bonne humeur, mais sa cavalière s'y attendait et elle l'obligea à relever la tête pour arrêter ses plaisanteries. Derrière, à bonne distance, le vieux quater horse traitait par le mépris ce déploiement d'énergie, galopant sur un rythme lent et incroyablement régulier. On aurait pu croire qu'il comptait ses foulées, bien qu'il fût visiblement heureux de cette sortie.

Morgane leva la tête. Le soleil jouait à cache-cache avec la cime des arbres, inondant de lumière et de chaleur un bout du sentier avant que ce dernier ne disparaisse à nouveau sous des frondaisons plus épaisses, plongeant dans la fraîcheur et la pénombre. Iliad avait disparu, loin devant. Red Sign poursuivait paisiblement son chemin, à sa cadence de métronome. Soudain, sa cavalière tira doucement sur les rênes. Docile, le cheval repassa au pas puis s'arrêta. Saisie d'une désagréable tension, Morgane tendit l'oreille. Il lui semblait avoir perçu un appel. Elle fit pivoter son cheval sur lui-même, balayant du regard le sous-bois alentour. Les bruits de la forêt s'étaient tus. Le silence régnait à présent, pesant. Le cœur battant, la cavalière mit pied à terre. Sur sa droite, à quelques mètres, trois troncs abattus étaient à demi recouverts de ronces et de broussailles. Morgane fit quelques pas dans cette direction, attentive à un lointain écho qu'elle ne percevait pas clairement. La jeune fille observa les lieux avec attention, mesurant du regard la distance entre le sentier et la plus proche des souches.

Un martèlement de sabots lui fit soudain relever les yeux : Iliad revenait au grand galop. Pauline arrêta sa monture et dévisagea son amie, inquiète.

« Que se passe-t-il ? Ne me dis pas que tu as fait une chute ? Tu es blanche comme un linge !

— C'est ici que ça s'est passé », expliqua Morgane d'une voix sourde.

Les yeux de Pauline s'écarquillèrent de surprise.

« Quoi ? Comment peux-tu le savoir ? Ce coin n'a rien de particulier.

— Je le sais, c'est tout. Je ne peux pas l'expliquer… »

Morgane tendait l'oreille, mais l'écho avait disparu. Elle frissonna, emplie de tristesse, détournant la tête pour cacher les larmes qui perlaient dans ses yeux.

« Rentrons, dit-elle d'une voix rauque. J'ai vu ce que je voulais.ssss

— Tu me fais peur, murmura Pauline en scrutant la forêt avec inquiétude. Maintenant, j'ai une drôle de sensation… Je crois que j'éviterai de venir par ici, à l'avenir… »

Lorsqu'elles regagnèrent le club, elles passèrent à côté de la voiture d'Aymeric, garée sur le parking en gazon. Vide. Le garçon n'était pas en vue. Les cavalières emmenèrent leur monture à la douche puis les laissèrent se rouler sur le carré d'herbe devant les box. Elles leur accordèrent encore un petit moment pour brouter puis les rentrèrent. Toujours pas trace d'Aymeric. Les adolescentes firent le tour des écuries, passèrent jeter un coup d'œil au club-house et au manège couvert, où se déroulait une reprise, sans succès.

« Il a peut-être été kidnappé par des extra-terrestres, suggéra Morgane avec un sourire en coin.

— Ils vont nous le rendre vite fait, alors ! Aucune personne, dotée d'un minimum de bon sens, n'accepterait de supporter mon frère…

— Demandons si quelqu'un l'a aperçu… »

L'une des stagiaires les mit sur la bonne piste.

« Ce doit être lui que j'ai vu partir vers la vieille grange avec Virginie et Stéphane. Il conduisait un tracteur.

— Un tracteur ! » s'exclama Pauline, ébahie.

Les deux jeunes filles se dirigèrent vers le vieux bâtiment, à l'écart du centre du club. C'était un des vestiges de l'ancienne exploitation agricole. Les murs de pierre tenaient encore bon, mais la toiture témoignait de son grand âge et d'un certain manque d'entretien. La grange ne servait plus qu'à remiser du matériel agricole obsolète et d'une utilité très discutable. Certains éléments semblaient dater des débuts de la mécanisation.

Un gros tracteur attelé à une remorque fourragère était garé devant l'entrée. À l'intérieur, on entendait manœuvrer un autre engin. Une fourche articulée vint se planter dans une balle ronde, soulevant les deux cent cinquante kilos sans effort avant de disparaître, happée par la pénombre poussiéreuse du vieux bâtiment. Les deux jeunes filles se glissèrent entre la remorque et le mur et passèrent la tête par l'ouverture.

« Je crois que tu ne devrais pas en rajouter de ce côté, criait Virginie à Stéphane, qui pilotait habilement le tracteur dans l'espace malcommode de la grange.

— Je pose encore celle-là et je change de côté. »

Morgane et Pauline s'avancèrent, passant derrière l'engin, pendant que son conducteur déposait son chargement sur la galerie de bois qui courait le long des murs. Aymeric était bien là, à côté de la jeune femme. Il vit les deux arrivantes et leur fit signe de les rejoindre rapidement.

« Ne restez pas au milieu, lança Virginie. La galerie est à moitié pourrie. J'ai peur qu'elle s'effondre si jamais Stéphane accroche un poteau…

— Pourquoi remisez-vous du foin ici ? demanda Morgane en les rejoignant prestement.

— Jérémy s'est trompé dans sa commande, il y a au moins trente bottes de trop. Il faut les caser quelque part, à l'abri. J'avais proposé de les bâcher, mais le chef a décrété qu'on devait les mettre là. Si tout ne passe pas au travers du plancher, nous aurons de la chance…

— Ça risque d'aplatir le vieux matériel qui est dessous, remarqua Pauline.

— Pour ce qu'il vaut ! répliqua la jeune femme en haussant les épaules. Ce serait l'occasion de faire un nettoyage par le vide. Il faudra bien prendre une décision un jour : remettre cette grange en état ou la raser. »

Aymeric entoura familièrement les épaules de Morgane et posa un baiser sur ses cheveux.

« Ça va ? Tout s'est bien passé ? » demanda-t-il.

La jeune fille s'efforça de sourire avec naturel. Elle passa son bras libre autour de la taille du garçon, résistant à l'envie de le pincer pour faire disparaître le pétillement malicieux de ses yeux.

« Super ! C'était bon, de remonter à cheval. »

Elle sourit à Virginie.

« Redy est la monture idéale pour une estropiée. Je te remercie de me l'avoir prêté.

— Pas de problème. Tu peux le sortir quand tu veux. J'ai déjà à peine le temps d'entraîner Stormy... C'est pas le boulot qui manque, ces temps-ci. Il faudrait un ou deux employés de plus. Christelle abattait un sacré travail... Depuis qu'elle n'est plus là, Jérémy ne se donne pas beaucoup de mal. Il risquerait sans doute de se salir... »

Morgane la dévisagea, surprise de l'entendre parler avec acrimonie. Ce n'était pas son habitude.

« Tu as des problèmes avec lui ? »

Virginie haussa les épaules.

« Je trouve qu'il a changé. Ce n'est pas flagrant, mais il y a tout un ensemble de petites choses... »

Elle hésita et finit par lâcher :

« J'ai eu aussi des échos selon lesquels il cherche à vendre le club...

— Mais il n'est pas le seul propriétaire ! s'écria Pauline.

— Je me contente de répéter ce que j'ai entendu…

— Hé ! cria Stéphane pour couvrir le bruit de son moteur. Je ne voudrais pas vous déranger, mais il faudrait tourner la remorque pour que je puisse attraper les dernières bottes…

— J'y vais », répondit Aymeric.

Virginie examinait la galerie d'un œil sombre.

« Dis-moi, demanda Morgane à brûle-pourpoint, qui s'est occupé de Galaad juste après l'accident de Christelle ?

— C'est moi, répondit la jeune femme, surprise par la question.

— Était-il blessé ou écorché ?

— Non, il n'avait rien. Pourquoi ? »

Morgane haussa les épaules d'un air dégagé.

« Comme ça. Mon accident m'a fait penser à ce qui était arrivé à Christelle. Je me demandais simplement si Galaad s'était fait mal en s'emballant dans la forêt… »

Virginie lui jeta un regard dubitatif, peu convaincue par la réponse. Elle s'apprêtait à parler quand Morgane éternua à plusieurs reprises.

« Faut que je sorte… La poussière… » parvint à dire l'adolescente avant d'émettre une nouvelle série d'éternuements.

Le nez enfoui dans un mouchoir, les yeux larmoyants, elle se glissa derrière le tracteur qui manœuvrait et se précipita vers la sortie. À l'air libre, les picotements cessèrent. La jeune fille se moucha puis respira profondément.

« Pourquoi lui as-tu demandé ça ? interrogea Pauline, qui venait de la rejoindre.

— Si Galaad s'était emballé et avait viré Christelle en plein galop, il serait resté sur le chemin et elle n'aurait pas pu tomber sur une des souches, elles sont trop loin. Un cheval qui embarque va droit devant lui, il ne fait pas de zigzags hors du sentier ! S'il s'était vraiment rapproché des souches pour une raison quelconque, il aurait forcément traversé le rideau de jeunes arbres, juste derrière. Et comme je ne crois pas qu'il pouvait passer au milieu sans en garder quelques traces, l'histoire ne colle pas.

— Je vois…, murmura Pauline. C'est ça que tu regardais dans la forêt. Pourquoi personne ne s'en est-il rendu compte ?

— Il n'y avait que Jérémy et les secours, sur

les lieux. Si ces derniers n'y connaissaient rien en chevaux, ils ne se sont pas posé de questions sur la manière dont elle aurait pu chuter. Maintenant, ce serait même difficile de prouver que l'accident s'est produit à cet endroit… »

Les deux amies restèrent silencieuses un long moment, pensives, contemplant le cadre idyllique et paisible autour d'elles. Le moteur du gros tracteur attelé à la fourragère se remit à ronfler.

« Ils ont terminé, constata Pauline. J'ai cru comprendre que tu n'avais pas envie d'en dire plus à Virginie…

— Bien vu. Allons attendre Aymeric sur le parking. »

Chapitre 11

L'incursion en forêt avait perturbé Morgane bien davantage qu'elle ne l'avait laissé paraître. Après le dîner, debout devant une des portes-fenêtres du séjour, elle regardait l'ombre envahir le jardin, en proie au malaise. Par moment, il lui semblait encore entendre l'écho d'une voix s'efforçant de l'atteindre.

Elle sursauta violemment lorsque sa mère posa une main sur son épaule.

« Ne te couche pas trop tard, lui recommanda celle-ci en lui caressant doucement les cheveux. J'ai l'impression que ta journée t'a mise à plat. Je sais que ce sont les vacances et que tu ne vas pas passer ton temps à ne rien faire, mais je voudrais que tu te ménages un peu…

— Je vais bien, c'est juste un coup de fatigue. Je monte me coucher. Bonne nuit, maman, à demain ! »

Elle embrassa sa mère puis gagna sa chambre, épuisée et tendue. Seul point positif de la journée, l'infirmière qui était venue ce soir l'avait autorisée à laisser son bras libre, dorénavant, et à s'en servir à nouveau, mais avec précaution. Morgane s'empara de l'agenda bleu marine qu'elle avait déposé sur son bureau quelques heures plus tôt. Se glissant dans son lit, elle l'ouvrit et se mit à déchiffrer péniblement les dernières pages. L'écriture, très particulière, rendait l'exercice extrêmement ardu. Les lettres, tracées d'une main rapide, étaient mal formées et se réduisaient parfois à une sorte de ligne agitée où les interruptions pouvaient intervenir au beau milieu d'un mot. Visiblement, Christelle perdait le minimum de temps à prendre ses notes. Sans doute parvenait-elle à se relire, avec la force de l'habitude, mais c'était difficile pour tout autre qu'elle. Au bout de quelques minutes, les yeux de Morgane commencèrent à se fermer tout seuls. Les mots perdirent leur sens et elle s'endormit, les doigts serrés sur l'agenda.

Des rêves traversèrent son esprit, fugaces et sans importance, jusqu'à ce qu'elle se retrouve soudain dans la forêt. Elle avançait à cheval, au petit galop, et le soleil miroitait entre la cime des arbres, brûlant. Elle montait Iliad, mais bizarrement celui-ci se déplaçait à la manière du vieux Red Sign, au milieu d'un silence inquiétant. Il suivait le sentier menant au « rond des châtaignes » et la jeune fille sentait croître son appréhension. Plus elle avançait, plus le temps se dégradait. Le ciel s'assombrissait et l'air prenait une note froide et piquante. La cavalière réalisa que son tee-shirt avait subitement fait place à l'anorak bleu destiné aux séances d'équitation hivernales. Sa monture passa au pas de son propre chef et s'arrêta complètement. Ils n'étaient plus sur le chemin mais dans le sous-bois, et les sabots de son cheval s'enfonçaient dans un épais tapis de feuilles mortes. Droit devant elle, au travers des arbres, elle aperçut deux cavaliers. L'un d'eux sauta au sol et elle reconnut Jérémy. Quand l'autre mit pied à terre à son tour, Morgane vit qu'il s'agissait de Christelle. Une boule d'angoisse lui coupa le souffle. La jeune fille aurait voulut crier, lancer un avertissement, mais elle était incapable d'émettre un son ou de bouger, engluée dans une stase insurmontable. Impuissante, elle vit la jeune femme se rapprocher de Jérémy. Ils conversaient, visiblement, mais Morgane ne percevait aucun des mots qu'ils prononçaient. La cavalière semblait poser des questions avec une certaine véhémence et son compagnon avait adopté une attitude défensive. La conversation ne répondant pas à ses attentes, Christelle se détourna pour faire pivoter son cheval dans la direction du club. Au moment où elle s'apprêtait à remonter en selle, Jérémy prit sa compagne par les épaules. Horrifiée, Morgane sut qu'allait se produire l'acte abominable qu'elle soupçonnait. Elle ferma les yeux pour échapper à cette vision insoutenable et se retrouva soudainement assise sur le sol, les mains plongées dans les feuilles mortes, envahie par leur puissante odeur d'humus. Iliad avait disparu. Rouvrant les paupières, la jeune fille découvrit devant elle les trois troncs abattus. Elle observa Jérémy placer avec soin les rênes de Galaad sur son encolure puis frapper la croupe du cheval, qui s'éloigna au galop en secouant la tête avec nervosité. Ensuite, l'homme sortit tranquillement son téléphone portable et composa un numéro, adoptant en un instant l'expression de tension et d'angoisse de l'individu qui appelle des secours.

Un son troubla enfin le silence ouaté qui régnait. Morgane se releva d'un bond et se retourna. Debout devant elle se tenait Christelle, le visage dénué d'expression. La jeune femme répéta les quelques syllabes qu'elle venait de prononcer. À cet instant, le soleil perça le sombre couvert nuageux, inondant l'adolescente d'une lumière aveuglante. Surprise, Morgane leva les yeux vers le ciel, clignant des paupières sous l'éclatant rayonnement. Lorsqu'elle ramena son regard vers le sol, les ronces et les arbres portaient toutes leurs feuilles, vertes et vigoureuses, il ne restait nulle trace de la scène… La jeune fille sentait à présent sa peau brûler sous la morsure du soleil. Elle mourait de soif, sa bouche était aussi sèche qu'un vieux parchemin…

La pénible sensation tira enfin Morgane de son cauchemar. Ruisselante de sueur, hébétée, elle se redressa dans son lit, repoussant du pied le drap dans lequel ses jambes s'étaient entortillées. Pas étonnant qu'elle ait eu la sensation de ne pouvoir bouger… S'emparant de la bouteille d'eau sur sa table de chevet, elle la vida à demi. Haletante, elle attendit ensuite que son cœur reprenne un rythme normal. Quel horrible rêve… Un épouvantable mélange de ce qu'elle avait vu dans la forêt et de ce que son imagination avait échafaudé… Sa main se posa sur un objet dur lorsqu'elle changea de position. L'agenda bleu marine. L'adolescente fronça soudain les sourcils, se souvenant des quelques syllabes prononcées par Christelle : la blanche… Cela avait-il un sens ? D'où son esprit avait-il bien pu tirer ça ? De l'agenda ? Elle ne se rappelait plus des derniers mots déchiffrés…

Repoussant à plus tard un nouvel examen des pages, Morgane se leva pour ouvrir sa fenêtre en grand, accueillant avec reconnaissance le souffle de la brise sur sa peau brûlante, respirant profondément pour recouvrer une certaine sérénité.

Il s'écoula près d'une heure avant qu'elle ne se sente capable de se recoucher. Ayant enfin chassé les restes de son cauchemar et l'affreuse sensation de terreur, la jeune fille se glissa à nouveau dans son lit, repoussant fermement toute nouvelle interrogation. Elle y verrait plus clair demain, en discutant avec Pauline et son frère.

Aymeric… Évoquer le garçon changeait radicalement la tonalité de ses pensées. Morgane murmura son prénom avec un petit sourire. Sa mémoire lui restituait les expressions du jeune homme, la manière dont le soleil accrochait des reflets dans sa chevelure, l'éclat de ses yeux, le poids de son bras sur ses épaules… S'était-il rendu compte de son trouble lorsqu'il l'avait embrassée dans la voiture ? Peut-être pas, avec un peu de chance…

Réalisant le tour que prenaient ses pensées, Morgane secoua la tête. Tout compte fait, le coup reçu sur le crâne avait dû laisser de sérieuses séquelles… Elle se tapota les tempes du bout des doigts, comme pour ordonner à son cerveau de se remettre à fonctionner normalement.

Pourtant, la jeune fille souriait quand elle s'endormit à nouveau, plongeant dans un autre songe, bizarre mais agréable, où Aymeric tenait le premier rôle…

Chapitre 12

« La blanche ? »

Pauline fronça les sourcils.

« De la drogue ? reprit-elle. C'est peut-être ça : un trafic de drogue !

— Je n'en sais rien. »

Morgane écarta les mains en un geste d'impuissance.

« J'ai essayé de voir si j'avais pu lire ça quelque part dans l'agenda, mais si c'est le cas, je ne l'ai pas retrouvé. Je suis certaine que c'est important… »

Les trois jeunes gens étaient assis à une table du club de tennis, dans le coin le plus tranquille de la terrasse ombragée.

« L'illumination est apparue en plein milieu d'un rêve ? se moqua Aymeric. Tu ne pourrais pas voir le tirage du prochain loto ? Ça m'arrangerait…

— Les anciens étaient convaincus que les rêves nous permettent de communiquer avec l'autre monde, espèce d'ignare ! » laissa tomber l'adolescente avec hauteur.

Elle changea d'expression en se remémorant l'affreuse sensation qui se dégageait de son cauchemar.

« En tout cas, murmura-t-elle, j'espère ne plus jamais refaire celui-là…

— O.K., reprit Aymeric d'un ton apaisant, devant la soudaine pâleur de la jeune fille. Ce serait donc un message… Mais je ne vois pas trop votre gus se livrer au trafic de drogue. Un club hippique n'est pas le meilleur endroit… Il vient souvent en ville ? Il voyage beaucoup ?

— Je n'en sais rien. Je ne me suis jamais intéressée à ses faits et gestes, avant… Mais cela pourrait expliquer d'où vient son argent.

— On devrait essayer de le surveiller de près pendant quelques jours, proposa Pauline. Si on jetait un coup d'œil dans son bureau, au club ? Il doit bien ranger ses papiers quelque part… Avec un agenda pour noter son emploi du temps.

— Ça recommence ! s'écria Aymeric en levant les yeux au ciel.

— Le bureau, ce n'est pas pareil que la maison, c'est moins privé, se justifia sa sœur.

— Franchement, tu t'imagines qu'il a laissé un petit mot à la vue de tout le monde, du genre : "Mardi soir, rendez-vous avec des dealers" ?

— Tu le fais exprès ou c'est naturel ? Évidemment, qu'il ne va pas l'écrire noir sur blanc ! Mais il peut avoir noté quelque chose sous forme codée, ou en abrégé…

— Ça ne coûte rien d'aller voir, intervint Morgane. On fait du sur-place, pour l'instant. Personne ne paraît avoir la moindre idée de l'endroit où vivait Jérémy avant d'atterrir ici. Apparemment, il a tenu le même discours à tout le monde, en racontant qu'il rentrait de l'étranger, sans donner de détails. Nous avons même fait des recherches sur Internet, sans rien trouver. Je ne vois pas comment en savoir plus, à moins d'aller lui poser la question !

— La police aurait d'autres moyens, avança Aymeric.

— Tu crois vraiment qu'ils ouvriraient une enquête sur de vagues soupçons ? Je n'en suis pas sûre. Ils croulent déjà sous le travail, d'après ce qu'on entend dire…

— Ils y seraient bien obligés, si la mère de Christelle le demandait.

— Et Jérémy disparaîtrait dans la nature au premier signe… Non ! Il faut trouver quelque chose de solide avant d'aller les trouver, pour qu'ils l'arrêtent, sans lui mettre la puce à l'oreille. »

Aymeric consulta sa montre et se leva.

« Je dois me changer, Guillaume m'attend sur le court à quinze heures. Je vais régler les consommations. Réfléchissez bien ! »

Les deux jeunes filles le regardèrent s'éloigner, son sac de tennis à l'épaule.

« Que fait-on ? demanda Pauline. On regarde son match ou on va faire un tour ?

— Je suis assez curieuse de voir ce qu'il sait faire avec une raquette. Si tu veux bien, regardons un set, nous irons en ville après.

— D'accord. »

Pauline observa son amie avec un petit sourire.

« Commencerais-tu à te prendre au jeu ? Ne me dis pas que tu es en train de succomber au charme de mon frère… »

Morgane lui adressa la grimace la plus affreuse qu'elle put produire.

« Va te faire voir, ma vieille, si tu espères que je te ferai des confidences croustillantes ! Je te signale que c'est ton idée, de faire croire que nous sortons ensemble…

— Et c'est une excellente idée. Ce qui me surprend, c'est que tout le monde ait l'air de trouver ça naturel… Après tout, vous êtes peut-être faits l'un pour l'autre ! »

Morgane fit mine de lui lancer le fond de son verre.

« Fais-moi confiance, grogna-t-elle, menaçante, je vais te monter un plan avec quelqu'un dès la rentrée. J'ai déjà une idée en tête.

— Qui ? demanda Pauline en riant.

— Je verrais bien Florent dans le rôle…

— Quelle horreur ! Tu n'oserais pas faire ça ! Pas le tombeur du lycée !

— Je lui raconterai ce qu'il faudra pour qu'il se sente remonté à bloc ! Que tu as passé l'été à pleurer devant sa photo, que toute l'année dernière tu étais transie d'amour pour lui, mais que tu n'as jamais osé le lui dire...

— Ce crétin est tellement imbu de lui-même qu'il serait capable de te croire !

— Justement, il ne pourra pas résister à l'idée que tu es prête à lui tomber dans les bras ! Une fille de plus à son tableau de chasse, tu penses... Tu ne pourras plus t'en débarrasser tant que tu n'auras pas accepté de sortir avec lui, il perdrait la face devant sa clique !

— Si tu oses me faire un coup pareil, ce sera la guerre ! Sans condition et sans pitié ! Ma riposte sera terrible !

— Pas de problème ! ricana Morgane. J'ai d'autres armes secrètes dans ma manche. Mortelles.

— Lesquelles ? s'enquit Pauline qui s'étouffait de rire.

— Kévin, pour commencer !

— Arrête ! Je n'en peux plus ! Viens, allons vers le court. Si je suffoque de rire sur cette chaise, tu seras condamnée pour meurtre, il y a trop de témoins ! »

Les deux adolescentes s'éloignèrent, suivies du regard par les personnes présentes, amusées de leur hilarité.

Morgane découvrit qu'Aymeric se défendait bien avec une raquette. Elle ne s'intéressait guère au tennis, mais le match amical entre les deux copains lui parut d'un bon niveau. La présence des spectatrices galvanisait les joueurs, qui se donnaient à fond tout en échangeant des commentaires sarcastiques sur leurs échanges chaque fois qu'ils allaient se désaltérer.

À l'issue du premier set, Pauline commença à s'ennuyer. Son amie serait bien restée plus longtemps, mais elle pouvait difficilement justifier son intérêt soudain pour le tennis sans provoquer de nouvelles moqueries. Les filles s'éclipsèrent donc.

Le club se trouvait à quelques kilomètres du centre-ville. Les deux adolescentes prirent un bus à l'arrêt le plus proche. Elles comptaient faire un peu de lèche-vitrine et passer par la boutique spécialisée dans l'équitation qu'elles fréquentaient. Elles adoraient découvrir les nouveautés et trouvaient toujours quelque chose à acheter : un cure-pied supplémentaire, des élastiques à natter, un bouquin sur leur thème favori, un nouveau produit pour protéger les chevaux des mouches et des taons…

Les jeunes filles approchaient de la boutique quand elles virent la silhouette familière de Jérémy en sortir.

Morgane poussa sa camarade derrière le tronc d'un des énormes platanes qui ombrageaient le trottoir.

« Quand on pense au loup…

— On le suit ? proposa Pauline.

— On peut toujours essayer, tant qu'il se déplace à pied. »

Avec la sensation d'être passablement ridicules, elles s'attachèrent à suivre le marcheur sans se faire repérer, se dissimulant deux ou trois fois in extremis quand l'homme jeta un coup d'œil en arrière.

« Tu crois qu'il sent qu'il est observé ? chuchota Morgane, inquiète.

— Je ne sais pas. Mais il va finir par nous voir s'il continue de se retourner sans prévenir. Il ne serait pas un peu parano ? Pourquoi regarde-t-il tout le temps derrière lui ? »

Enfin, Jérémy finit par entrer dans une bijouterie, où il demeura une quinzaine de minutes. En sortant, il aperçut un reflet intrigant dans l'une des vitrines de l'autre côté de la rue et tourna la tête dans la direction des deux filles, dissimulées derrière le panneau publicitaire d'une brasserie.

« Il vient vers nous ! s'affola Pauline.

— Entrons dans la brasserie, vite ! Direction les toilettes des dames, il ne pourra pas nous suivre. »

Les adolescentes battirent en retraite et se faufilèrent dans le café en traversant un groupe de clients qui en sortaient. Elles suivirent le fléchage menant aux toilettes et s'y réfugièrent. Appuyées aux lavabos, elles reprirent leur souffle.

« On est assez nulles comme espionnes… soupira Morgane. Je crois bien qu'il nous a vues…

— Tu penses qu'il est dans la salle ?

— Pas la moindre idée. On le saura en sortant. Nous n'allons pas passer le reste de la journée ici. Attendons quelques minutes, puis nous irons voir… Après tout, que peut-il dire ou faire ? Nous pouvions bien être là par hasard.

— Planquées derrière le panneau à observer la bijouterie ? Ouais ! Bien sûr ! »

Morgane haussa les épaules avec fatalisme.

« Nous verrons bien… À quelle heure doit-on retrouver ton frère ?

— Vers 17 heures Je vais lui passer un coup de fil pour l'informer de notre situation. »

Pauline composa le numéro et tomba sur la messagerie. Avec une grimace à l'adresse de Morgane, elle laissa un bref message.

« Il ne doit pas avoir fini de jouer, dit-elle en raccrochant. Il va falloir nous débrouiller toutes seules. Pour une fois que la perspective de voir arriver mon frère me faisait chaud au cœur… »

Leurs alarmes s'avérèrent vaines. Jérémy ne se trouvait pas dans la salle quand elles se décidèrent à quitter leur refuge.

« Ouf, soupira Pauline. Offrons-nous quelque chose à boire pour nous remettre. Un nectar d'abricot me fera du bien, j'ai besoin d'une dose de sucre !

— J'avoue que je ne brillais pas à l'idée de me retrouver en face de lui », avoua son amie.

Elles s'installèrent à une table du fond, peu soucieuses de se montrer en terrasse, et s'efforcèrent de se détendre en attendant leurs consommations.

« Il faut faire avancer cette affaire une bonne fois, décréta Morgane d'un ton décidé. Sinon, je finirai avec des cheveux blancs avant l'heure.

— Je suis entièrement d'accord. Nous devons être plus entreprenantes. Prochaine étape, la fouille du bureau !

— Le bureau ! » répéta Morgane fermement.

Les deux jeunes filles échangèrent un regard déterminé et se sourirent, bien résolues à ne pas se laisser détourner de leur objectif.

Chapitre 13

Morgane décréta que c'était à son tour de prendre des risques. Pauline et son frère se virent donc chargés de faire le guet. Le meilleur moment pour agir leur paraissant celui du repas, les trois jeunes gens décidèrent que les filles sortiraient à cheval en fin d'après-midi et qu'Aymeric viendrait les récupérer au club vers 20 heures, moment où le personnel et les stagiaires se réunissaient pour dîner. Cela devrait limiter la circulation de personnes dans les locaux. Ils mettraient alors leur plan à exécution.

De retour de leur promenade à l'heure convenue, Pauline et Morgane bouchonnèrent leurs chevaux et les remirent au box.

« La voiture d'Aymeric n'est pas là, constata Morgane.

— Que faisons-nous ? Nous attendons ou nous essayons sans lui ?

— Si nous perdons trop de temps, il risque d'y avoir quelqu'un, une fois qu'ils seront sortis de table…

— Faisons un repérage, nous déciderons ensuite ! »

Les deux filles se dirigèrent vers le bâtiment abritant le club-house et les bureaux. Depuis le couloir, elles virent que le repas avait commencé dans la salle du bar restaurant.

« C'est le moment, décida Morgane. Tant pis si ton frère n'est pas là. Allons-y ! »

Pauline se mit en faction au fond du passage, devant la porte des toilettes, tandis que Morgane entrait dans la pièce qui servait d'antichambre aux bureaux et dans laquelle étaient affichées toutes les informations du club. En cas d'arrivée d'un intrus, Pauline devait appeler ouvertement son amie, comme si elle la cherchait. Ainsi alertée, l'espionne improvisée sortirait rapidement du bureau de Jérémy pour se planter devant les panneaux d'affichage, en ayant l'air de consulter les dates des prochains concours. Pauline se mordit la lèvre en regardant sa montre. Son frère aurait dû être dans la salle pour aider Morgane en cas de besoin, en occupant l'encadrement de la porte pour boucher la vue d'un arrivant et en détournant son attention d'une façon ou d'une autre.

Pendant que son amie se rongeait les sangs, Morgane était entrée dans le bureau de Jérémy. Feuilletant rapidement l'agenda posé sur la table de travail, elle constata que toutes les notes étaient écrites en abrégé et difficiles à déchiffrer. Abandonnant provisoirement sa lecture, elle entreprit une fouille rapide des tiroirs. Les deux premiers ne contenaient rien d'intéressant. Quant au dernier, il refusa de s'ouvrir : il était verrouillé. En pestant silencieusement, l'adolescente chercha où pouvait être dissimulée la clé. En vain. Si Jérémy la conservait sur lui, ce contenu inaccessible était peut-être révélateur… Frustrée, Morgane se pencha pour étudier la serrure, qui semblait solide et peu facile à forcer. Soudain, le bruit sourd d'un objet tombant dans la pièce à côté fit bondir son cœur dans sa poitrine.

D'instinct, l'adolescente se précipita silencieusement vers la porte et quitta le bureau juste au moment où le panneau de l'autre pièce s'ouvrait. Elle se trouva face à Jérémy. Les yeux de l'homme allèrent du visage de Morgane à la porte mal refermée avant de revenir se planter dans ceux de l'adolescente. Il se pencha légèrement vers elle.

« Que faisais-tu dans mon bureau ? »

Le ton était froid et coupant comme une lame. Morgane battit des paupières sous le regard pénétrant, mais elle resta muette.

« Crois-tu que je ne me sois pas aperçu que tu m'observes d'un air bizarre, depuis quelque temps ? Et hier, que faisiez-vous, toi et ta copine, dans cette rue ? Il va falloir m'expliquer ce que signifie ce manège ! »

Morgane ouvrit la bouche pour parler, sans même savoir ce qu'elle allait dire, et s'entendit avec stupeur déclarer d'un ton assuré :

« Bien sûr… La blanche… »

Elle aurait frappé son interlocuteur en plein visage que la réaction n'aurait pas été plus forte. Il eut un mouvement de recul, se redressant pour toiser l'adolescente, les yeux rétrécis en une mince fente.

« Comment… ? »

L'homme se reprit et étudia le visage de la jeune fille, qui lui retourna son regard avec détermination.

« Je sais pas mal de choses…, avança l'adolescente.

— Et tu espères me faire chanter ? gronda Jérémy d'une voix sourde et menaçante. Tu te crois vraiment à la hauteur pour ce jeu-là ? »

Ils se dévisagèrent en chiens de faïence durant quelques secondes, Morgane faisant face avec une force qu'elle ne se connaissait pas. L'entrée soudaine d'Aymeric et de sa sœur brisa l'affrontement silencieux. Prenant aussitôt la mesure de la tension qui régnait, le garçon vint se placer aux côtés de la jeune fille, la dominant de sa silhouette athlétique, défiant du regard leur adversaire. Les protagonistes restèrent quelques secondes dans cette attitude, puis, avec un rictus, Jérémy recula d'un pas en leur faisant signe de déguerpir. Aymeric saisit la main de Morgane et entraîna la jeune fille rapidement, poussant Pauline devant lui. Les trois jeunes gens sortirent à l'air libre et prirent sans s'attarder la direction du parking.

« Fichons le camp, grogna le garçon. Je retire ce que j'ai déclaré, ce type à l'air dangereux. J'ignore ce que tu lui as dit, Morgane, mais il n'avait vraiment plus rien d'aimable. On aurait cru une hyène aux abois… Son regard m'a fait froid dans le dos ! »

Tandis que la voiture s'éloignait du club, le garçon s'excusa pour son retard.

« Il y a eu un accrochage sur le pont. Le temps que les gens dégagent leurs véhicules du milieu pour faire un constat, la circulation a été bloquée quelques instants. »

Il fronça les sourcils et jeta un regard mécontent aux deux filles silencieuses.

« Vous auriez pu attendre que j'arrive ! Comment Morgane s'est-elle retrouvée en face de cet espèce de scorpion ?

— Il était dans l'autre pièce. Je n'ai pas pensé à vérifier, expliqua cette dernière. Je croyais qu'il n'y avait plus personne. »

L'adolescente frotta ses mains sur son pantalon de cheval pour en atténuer la moiteur et le tremblement.

« En tout cas, lui sait ce que signifie "la blanche"…

— C'est ça qui l'a mis dans cet état ? »

Pauline serra l'épaule de son amie.

« Tu lui as drôlement bien tenu tête !

— Cette fois, il faut aller trouver la police, reprit Aymeric. Il t'a menacée.

— Pas exactement... Et ce sera difficile de convaincre les flics. Ce sera sa parole contre la mienne. Je ne veux pas qu'il s'en tire ! »

Elle frappa du poing sur son siège en signe de frustration.

« Si seulement nous savions ce que cachent ces fichus mots ! Attendons encore, nous tenons enfin une piste... »

Le garçon secoua la tête.

« Pas question ! Ce type m'a vraiment fait une sale impression. Je commence à le croire capable de n'importe quoi...

— Nous devons poursuivre, insista Morgane, nous sommes allés trop loin ! S'il te plaît ! »

Elle posa sa main sur celle d'Aymeric, qui tenait le levier de vitesse, et la serra. Le garçon poussa un soupir et jeta un regard à la jeune fille.

« On t'a déjà dit que tu étais une vraie tête de mule ?

— Oui. Dans certains cas, c'est une qualité.

— Tu réalises que tu as dévoilé tes batteries à l'ennemi ? Il pourrait se montrer dangereux.

— Je sais parfaitement qu'il l'est. »

Aymeric secoua la tête.

« O.K. Je prêche dans le désert… Je te raccompagne chez toi. Je crois qu'il est temps que tu parles à tes parents. C'est avec eux que tu devrais décider de la suite à donner à cette histoire. Ils doivent être informés.

— Il faut que j'y réfléchisse.

— Si tu ne le fais pas, insista le garçon, je le ferai à ta place. Tu dois être prudente… »

Aymeric porta soudain la main de Morgane à ses lèvres et l'embrassa avant de la libérer. Pauline s'abstint sagement de tout commentaire.

Les événements avaient jeté un voile sombre sur la soirée.

Après dîner, abandonnant leurs parents qui profitaient de la douceur de l'air sur la terrasse, Pauline et Aymeric se retrouvèrent dans le salon sans s'être concertés, dérogeant à leurs habitudes. Si, d'ordinaire, chacun s'efforçait de protéger son territoire des incursions de l'autre, ce soir, c'était comme si le fait d'être ensemble pouvait alléger les inquiétudes qu'ils partageaient. Ce qui ne les empêchait pas de se chamailler.

« Baisse le son ! intima l'adolescente à son frère, qui s'efforçait de se changer les idées devant un match de foot télévisé. Je n'arrive pas à comprendre ce que je lis !

— Oh ! Parce que tu sais lire ?

— Ouais, et ce n'est pas le cas de tout le monde, dans cette pièce. Il faut bien que je relève le niveau. Si chacun s'intéressait uniquement à vingt-deux andouilles qui courent après un ballon… Baisse le son ! Les commentaires sont encore plus débiles que le reste !

— Allez ! C'est n'importe quoi ! grogna le garçon sans prêter la moindre attention à ses paroles. Lenoir vient de se faire piquer le ballon ! Il ne pouvait pas faire une passe, non ? Il n'est pas tout seul sur le terrain ! »

L'adolescente leva les yeux vers le poste en fronçant le nez avec ironie.

« Si tu savais à quel point ça me navre… »

Elle s'immobilisa soudain, bouche ouverte.

« "La blanche"… Lablanche ? Et si c'était un nom ?

— Un nom ? répéta son frère, intéressé au point de détourner le regard de l'écran.

— S'il vivait sous une fausse identité, et si Lablanche était son véritable nom ?

— C'est une idée qui en vaut une autre... »

Pauline se leva, abandonnant son magazine sur le divan.

« Faisons une nouvelle recherche sur Internet, nous verrons bien ce qu'il en sort.

— Ça peut attendre la fin du match, non ?

— Reste là si tu veux, je m'en occupe...

— Ça va, j'arrive ! »

Un instant plus tard, ils étaient assis devant l'ordinateur. Aymeric ouvrit la page d'un métamoteur et tapa rapidement quelques mots. Des réponses s'affichèrent en quelques secondes. La troisième attira aussitôt son attention et il cliqua sur le lien.

« Qu'est-ce que c'est ? demanda Pauline en fronçant les sourcils.

— Un site de la police de Toronto, au Canada.

— La police ?

— Oui. La page concernant les personnes recherchées. Il y a des photos... Bon sang ! Regarde ça ! Lablanche Jean... »

Le frère et la sœur échangèrent un regard consterné.

« Si tu rajoutes une barbe, murmura lentement la jeune fille, ça ressemble beaucoup à Jérémy. Ces yeux…

— Ouais… grogna son frère, qui fixait l'écran d'un air sombre. Lis le texte qui accompagne la photo. Ce mec est recherché par la police canadienne dans le cadre d'une enquête sur un meurtre… »

Le garçon secoua la tête, abasourdi.

« Incroyable ! C'est réellement un criminel.

— Appelons Morgane, s'exclama Pauline. Il faut qu'elle sache ! »

Mais Morgane n'était plus chez elle…

Chapitre 14

En rentrant, la jeune fille s'installa un moment dans un coin tranquille du jardin pour réfléchir. Allongée sur la pelouse, elle essaya d'ordonner la ronde infernale de ses pensées. Une conclusion s'imposait : si Jérémy craignait qu'elle ne détienne des éléments dangereux, il allait certainement réagir… Que devait-elle faire ? Elle était toujours plongée dans ses réflexions quand elle entendit sa mère l'appeler pour dîner.

L'adolescente se montra particulièrement silencieuse durant le repas. Ses parents s'en inquiétèrent. Morgane hésita, puis décida de ne pas leur souffler mot de ses préoccupations, craignant leur réaction. Ils ne comprendraient sans doute pas. La jeune fille se contenta donc de réponses évasives et rassurantes et se retira dans sa chambre.

Elle s'installa sur le rebord de sa fenêtre pour observer le disque plein de l'astre nocturne qui baignait le paysage d'une lumière froide.

« Nuit de pleine lune, nuit d'infortune », souffla-t-elle tout bas.

Elle tendit l'oreille au chuchotement du vent dans les feuilles.

« Très bien, murmura-t-elle soudain. Je vais retourner au club. »

Le bruissement des feuilles s'amplifia, comme une approbation, et un souffle brusque souleva ses cheveux.

Un instant plus tard, elle descendait, son casque sous le bras. Elle jeta un bref coup d'œil par la porte du salon, sans se faire remarquer. Sa mère regardait la télévision, Lorraine blottie contre elle sur le canapé, tandis que son père travaillait l'un de ses dessins à l'encre. Sans bruit, la jeune fille suivit le couloir jusqu'à la cuisine et sortit par la porte de derrière. Il lui faudrait pousser son scooter pendant quelques centaines de mètres pour ne pas donner l'alerte à sa famille.

Morgane parcourut la distance la séparant du club dans un curieux état d'esprit, mêlant la crainte à la détermination et à l'étrange assurance de ne pas être seule dans son expédition.

À cent mètres de son but, l'adolescente dissimula son engin derrière la haie d'un champ pour qu'il soit invisible de tout arrivant et poursuivit à pied. Les écuries étaient plongées dans l'obscurité et le parking, désert. Les palefreniers étaient tous partis.

La jeune fille se dirigea avec précaution vers le bâtiment abritant le club-house. Contournant silencieusement le bâtiment, Morgane trouva la fenêtre qui l'intéressait. Elle posa son sac à dos et en sortit un petit marteau et une paire de gants. Ne se connaissant aucun talent de cambrioleur pour ouvrir les serrures, elle avait apporté différents outils pour entrer par effraction et forcer le tiroir qui la narguait. Peu importaient les suites, si cela lui permettait de confondre Jérémy…

Morgane emprunta une des chaises de plastique empilées sur la terrasse du club-house, revint la placer sous la fenêtre et grimpa dessus, le marteau à la main, son sac à nouveau sur le dos. Au moment où elle s'apprêtait à briser la vitre, quelque chose lui souffla de suspendre son geste. Tendant l'oreille, elle perçut le bruit d'un moteur qui se rapprochait. La jeune fille sauta prestement de son perchoir, éloigna la chaise de la fenêtre et gagna l'angle du bâtiment à pas de loup. Elle connaissait le bruit de ce moteur. C'était celui du coupé de Jérémy.

Dissimulée dans l'ombre, elle l'observa qui descendait de voiture. Il déverrouilla la porte et entra. Morgane se mordit la lèvre. Il s'en était fallu de peu qu'elle ne se retrouve à nouveau face à lui. Et, cette fois, Aymeric n'était pas là pour venir à la rescousse…

Tapie derrière le mur protecteur, l'adolescente n'eut qu'une minute pour s'interroger sur la conduite à tenir. Jérémy ressortait déjà. Il remonta en voiture et redémarra. À la surprise de Morgane, le conducteur ne prit pas la direction de son habitation ou de la ville, mais se dirigea vers la partie ancienne du domaine.

L'hésitation n'était pas de mise. La jeune fille suivit à distance, observant la progression du coupé grâce à la lumière de ses phares. Un instant plus tard, elle rejoignait le véhicule, garé devant la vieille grange.

Glissant la tête par la porte ouverte, Morgane jeta un coup d'œil circonspect. Une lumière brillait faiblement tout au fond et l'on entendait des coups sourds et des raclements, comme si quelqu'un creusait le sol de terre battue. La jeune fille se décida à entrer. Dans la pénombre, le vieux bâtiment semblait encore plus décrépi et plus poussiéreux. L'antique matériel agricole qui dormait là prenait des allures menaçantes.

Évitant de penser aux rats et aux araignées que l'obscurité dissimulait, Morgane avança silencieusement vers la galerie vermoulue, progressant de poteau en poteau pour se rapprocher de la source lumineuse. La jeune fille atteignit finalement le centre du vieux bâtiment. De sa cachette, elle distinguait à présent la silhouette de Jérémy qui s'activait à la lumière d'une vieille lampe de camping à gaz. Il avait déplacé un massif coffre à grains pour accéder à un emplacement au pied d'un mur et il creusait le sol avec énergie. Il poursuivit ses efforts durant quelques minutes, jusqu'à ce qu'un tintement métallique se fasse entendre.

Morgane tendit le cou pour essayer de mieux voir. Elle se sentait envahie par l'excitation. Quoi qui se trouvât dans le trou, c'était forcément une preuve que Jérémy était un malfaiteur, puisqu'il s'entourait de tant de secret pour le récupérer…

Avec un grognement de satisfaction, l'homme entreprit de dégager une lourde boîte rectangulaire. Il l'exhuma enfin et la déposa sur le coffre pour en tirer un ballot d'étoffe sombre qu'il ouvrit avec délicatesse. La lumière accrocha des reflets scintillants. Jérémy contempla un instant le contenu mystérieux puis referma le paquet avec soin avant de l'enfermer à nouveau.

Au moment où Morgane s'apprêtait à s'esquiver sur la pointe des pieds, elle sentit soudain un violent picotement monter dans ses narines. Jetant un regard affolé vers la sortie, qui lui semblait à des kilomètres de distance, elle se pinça fortement le nez et se couvrit la bouche pour étouffer un éternuement, parvenant à le réduire à un chuintement bizarre. Jérémy se retourna d'un bloc.

« Qui est là ? »

La lampe s'éleva pour tenter de percer l'obscurité. Morgane se colla contre le poteau qui la dissimulait et retint son souffle. Pourvu qu'il reprenne ses occupations sans plus chercher... L'homme hésitait. Finalement, il choisit d'en avoir le cœur net.

Les yeux agrandis d'effroi, la jeune fille chercha une issue. Si elle bougeait, il ne pouvait manquer de la voir... La lampe se rapprochait...

Comme dans un cauchemar, son corps agissant malgré elle, Morgane recula avec lenteur, apparaissant dans la lumière.

« Encore toi, petite punaise ! » cracha Jérémy en la découvrant.

Ses traits étaient figés en un masque mauvais. Il n'avait plus rien de l'individu séduisant dont il cultivait l'image.

« Comment as-tu fait pour savoir ? Et pourquoi n'as-tu pas prévenu les flics ? »

Il ricana, comme si la réponse venait de lui apparaître subitement.

« Tu espérais récupérer les bijoux ! Je croyais avoir l'esprit tordu, mais ce genre d'idées chez une gamine... Je m'incline... Dommage que tu ne sois pas à la hauteur… Figure-toi que je vais filer cette nuit et que toi, tu ne seras pas en mesure de prévenir qui que ce soit… »

Il fit un pas vers elle, mais l'adolescente prit la parole avec une intonation curieusement familière et une autorité déconcertante.

« Reste où tu es, Jérémy. J'ai bien peur que tes projets ne se déroulent pas comme tu l'envisageais… »

L'homme s'immobilisa, figé. Il observa la jeune fille comme s'il venait de découvrir un animal monstrueux.

« C'est quoi, ce tour ? Tu t'entraînes à imiter Christelle ? C'est d'assez mauvais goût. »

L'adolescente émit un rire sarcastique, plein d'amertume.

« Pauvre Christelle, grinça-t-elle d'une voix sinistre. Pauvre idiote, si naïve… Elle croyait que tu l'aimais… »

La jeune fille fit un pas en avant, les yeux brillants, les dents découvertes dans un affreux rictus, toute sa personne exprimant une indéfinissable menace. L'homme recula, la sueur perlant à son front devant cette diabolique métamorphose.

« Tu es dingue ! »

Le rire amer s'éleva à nouveau.

« Crois-tu ? susurra la voix, qui n'avait plus rien à voir avec celle de Morgane. Je n'ai tué personne, moi… Pas encore… »

L'adolescente fit un autre pas en avant.

« Quelle grandeur d'âme, vraiment, d'avoir conservé Galaad… Christelle l'aimait tant, disais-tu… »

Une enjambée de plus.

« Un souvenir de moi… gronda le timbre funeste. À quoi pensais-tu, lorsque tu montais mon cheval ? Au bruit des vertèbres qui se brisent ? »

La jeune fille avançait toujours et l'homme reculait, la dévisageant avec une incrédulité horrifiée.

« C'est impossible, souffla-t-il.

— Tu le savais pourtant… je règle toujours mes dettes ! »

Jérémy lança soudain la lampe à la tête de la jeune fille et recula parmi les vieux tracteurs sous la galerie. Avec un rire triomphant, l'adolescente esquiva l'objet. L'air sembla se condenser brutalement et il y eut un craquement effroyable. Le fuyard leva la tête, mais il était trop tard. Les poutres de la galerie cédaient. Plusieurs tonnes de bois et de foin s'effondrèrent sur lui.

Morgane eut la sensation de se réveiller brusquement, hébétée, au milieu des bottes qui avaient roulé autour d'elle sans la toucher. Toute la galerie s'était écroulée. Pas trace de Jérémy, enfoui sous les décombres. Derrière elle, le verre brisé de la lampe à gaz avait libéré la flamme. Une odeur de foin brûlé commençait à se répandre.

« Quitte cet endroit, vite… ». Les mots semblaient flotter dans la pénombre rougeoyante, pressants. Se frayant un chemin parmi les énormes rouleaux de foin, Morgane sortit à l'air libre.

La lune et les étoiles illuminaient le ciel nocturne et dévoilaient le paisible paysage familier. L'adolescente prit de grandes inspirations d'air pur, s'efforçant de recouvrer ses esprits, émergeant lentement du cauchemar. Lorsqu'elle se retourna, elle vit que le feu se propageait dans le vieux bâtiment où les flammes dévoraient ardemment le foin et le bois sec dans un fracas grandissant.

Je m'en vais rejoindre l'autre rive, chuchotait le vent. *Dis à ma mère combien je l'aime…*

« Adieu », murmura l'adolescente.

Des larmes coulaient sur ses joues et elle leva une main noire de poussière pour les essuyer, maculant sa peau de traces sombres.

« Je veillerai sur Galaad », promit-elle.

La brise tiède souleva ses cheveux comme une caresse, puis la sensation d'une présence s'effaça.

Des phares apparurent sur le chemin du club, arrivant à grande vitesse. Morgane prit sa course dans leur direction, laissant derrière elle l'avidité infernale de l'incendie.

Épilogue

Ce n'est que quelques jours plus tard que Morgane et Pauline purent enfin se retrouver et parler tranquillement des événements.

« Comment ça s'est passé avec les flics ? »

Les deux amies étaient assises dans l'herbe, tenant à la main la longe de leurs chevaux qui broutaient.

« Ils voulaient un récit détaillé de ce qui s'est passé dans la grange… Je leur ai dit que je me rappelais avoir vu Jérémy sortir les bijoux, mais qu'après je ne me souvenais plus de rien. Ils ont demandé que je voie un psy. Celui-ci affirme que mon amnésie est due à ma confrontation avec un meurtrier. Il prétend que mon inconscient refoule les éléments traumatisants.

— Et tu en penses quoi ? »

Morgane chassa un insecte et répondit lentement :

« Je ne sais pas ce qui s'est passé, mais je suis certaine de ne pas avoir été seule…

— Ils vont ouvrir une enquête sur la mort de Christelle ?

— Oui. La découverte des bijoux a permis de boucler les recherches sur l'affaire de la bijouterie, au Canada, et de prouver la culpabilité de Jérémy. Les soupçons de Madame Chamat paraissent tout à fait fondés, à présent, et la justice va certainement lui restituer l'héritage de Christelle à l'issue de l'enquête.

— Les bijoux sont intacts ? La grange a brûlé presque totalement avant l'arrivée des pompiers…

— La boîte spéciale dans laquelle ils étaient enfermés les a protégés du feu. Ils vont être rendus à leurs propriétaires. Les joyaux qui restent, du moins… Jérémy en avait déjà vendu une partie, d'après l'inventaire. À ce propos, les flics enquêtent sur le propriétaire de la bijouterie où nous l'avions vu entrer. Ils pensent que ce pourrait être un maillon d'un réseau de receleurs. »

Pauline fronça les sourcils.

« Ça fait frémir, de penser que quelqu'un qu'on a côtoyé pendant plusieurs années était un malfaiteur et un meurtrier…

— D'après ce que j'ai compris, c'était un petit escroc, à l'origine. Il utilisait son physique pour séduire des femmes dans le but de les dépouiller. C'est pour ça qu'il pratiquait tout un tas de sports : le golf, le tennis, l'équitation… Un bon moyen de faire des rencontres. Sa dernière cible, avant de venir en France, était la jeune femme qu'il a tuée, la fille d'un riche joaillier qui travaillait avec son père. Jérémy était censé l'épouser. En fait, ce qui l'intéressait, c'était d'obtenir tous les renseignements pour cambrioler facilement la bijouterie. Sa fiancée a dû avoir des doutes. Elle l'a surpris en pleine action au milieu de la boutique, la nuit où il s'est décidé à agir. Il l'a tuée et s'est enfui en emportant des pièces de très grande valeur.

— Ensuite, il a débarqué en France…

— Ouais. Et Christelle l'a rencontré… »

Iliad tira sur sa longe.

« Il va falloir se déplacer, constata Morgane. J'ai l'impression qu'ils ont fini de tondre le coin. »

Les jeunes filles emmenèrent leurs chevaux un peu plus loin.

« Vraiment moche, cette histoire, souffla Pauline.

— Horrible. Nous ne saurons probablement jamais pourquoi Christelle a eu des soupçons. Mais, quoi qu'elle ait découvert, elle ne pouvait pas fermer les yeux. Je crois qu'elle a eu le tort de lui demander des explications, sans imaginer ce qu'il était capable de faire. »

Morgane caressa doucement l'encolure satinée d'Iliad.

« Quel gâchis ! »

Pauline hocha la tête, évoquant silencieusement l'image de la cavalière dynamique et chaleureuse.

« Et toi, comment te sens-tu ?

— Beaucoup mieux depuis que je n'entends plus de voix, répondit Morgane avec un sourire en coin. J'ai nettement moins l'impression de devenir folle. »

Pauline suivit la direction du regard de son amie, qui venait soudain de s'éclairer.

« Oh, fit-elle en riant, cinglée, tu l'es toujours plus ou moins. Il suffit d'observer ton expression de plaisir quand tu vois mon frère débarquer. Quelqu'un qui regarde Aymeric de cette façon souffre forcément de graves problèmes psychologiques !

— N'oublie pas que j'ai pris un coup sur la tête, il n'y a pas si longtemps ! En tout cas, j'étais bien contente de voir arriver la voiture de ton frère et celle de mes parents, l'autre soir.

— Je veux bien le croire. Tu avais une tête à faire peur ! L'état de choc complet, un véritable zombie. Pas moyen de t'arracher un mot… »

Aymeric les rejoignit.

« Salut les filles ! Virginie m'a dit que vous étiez parties faire brouter vos bestioles. »

Il tendit une main prudente en direction d'Iliad et lui octroya une caresse du bout des doigts. Puis il reporta son attention sur Morgane, qui le regardait faire avec un petit sourire.

« Eh bien ! fit-elle, quel grand pas en avant ! Tu viens de caresser un cheval !

— Ouais. Qui sait jusqu'où je pourrais aller… Peut-être me verras-tu sur une selle, un de ces jours… »

Il prit la longe que tenait la jeune fille et la fourra dans les mains de sa sœur.

« Tiens, rends-toi utile. En passant, là-bas, j'ai vu un super coin d'herbe. Va donc le montrer aux chevaux. J'ai à parler à Morgane.

— Le message est un peu trop subtil pour moi. Est-ce que, par hasard, cela signifierait que je dérange ? »

Son frère lui montra les dents et gronda :

« Dégage ! »

Pauline sifflota sur deux notes avec un sourire ironique.

— Venez, les doudoux, dit-elle en entraînant les deux chevaux. Allons voir ailleurs si l'herbe est plus verte, ou il serait capable de mordre. »

Lorsqu'elle se retourna, quelques dizaines de mètres plus loin, les deux jeunes gens étaient enlacés. La conversation promettait d'être brève mais intense… Pauline détourna les yeux avec un large sourire et reprit son chemin.

Tipik

junior

1. *Le grimoire d'Arkandias*, E. Boisset
2. *Arkandias contre-attaque*, E. Boisset
3. *Le sarcophage d'outretemps*, E. Boisset
4. *Sortilège au Museum*, P. Delerm
5. *Meurtre à Honfleur*, M. Delerm
6. *Le signe de Saturne*, J.-Y. Loude
7. *Sacré scarabée sacré*, F. Jay d'Albon
8. *Témoins sur vidéo*, B. Aubert & G. Cavali
9. *À plein tube*, F. Librini
10. *Nicostratos*, E. Boisset
11. *Le manoir d'Orleur*, D. Convard
12. *Indiana Jules*, C. Laborde
13. *Tom chewing-gum*, O. Ka
14. *L'inconnu du 13 octobre*, F. Librini
15. *La nuit de Maï Ahn Li*, J.-L. Estèbe
16. *La cavalière de l'autre rive*, M. Amaury

20, rue Berbier-du-Mets
75013 Paris
www.magnard.fr

Loi n° 49-956 du 16-07-1949 sur les publications destinées à la jeunesse.

Conception de couverture : Lonsdale
Photogravure : Dawant Fossard

N° d'éditeur : 2004/216 – Dépôt légal : mai 2004
Achevé d'imprimer en mai 2004 par SYL - Barcelone (Espagne)